Y

à consulter.

Ⓒ

Ye

14924
14925

DOUZE JOURNÉES

DE LA

RÉVOLUTION.

IMPRIMERIE DE JULES DIDOT L'AINÉ,
boulevart d'Enfer, n° 4.

DOUZE
JOURNÉES
DE LA
RÉVOLUTION
POËMES

PAR

BARTHÉLEMY

PARIS
PERROTIN, ÉDITEUR
RUE DES FILLES-SAINT-THOMAS, N° 1, PRES LA BOURSE.

M. DCCC. XXXV.

PRÉFACE.

Avant de creuser dans ses détails le sujet grandiose qu'il avait entrepris, l'auteur de ces poëmes a dû faire poser long-temps devant lui la grande époque révolutionnaire, jaloux qu'il était de la saisir et de la reproduire dans son type d'ensemble.

Pour la surprendre à nu, ce n'est pas à l'histoire qu'il s'est adressé : il y eût trouvé sans doute de savantes recherches, des aperçus judicieux, de lucides calculs financiers, ou de larges appréciations politiques; il y eût vu en bloc ce beau mouvement d'hommes, suivi sa marche intellectuelle du point de départ au point d'arrivée; mais la partie dramatique descriptive de son sujet, ses nuances physiques, son individualité lui eussent échappé.

PRÉFACE.

Craignant cet écueil, l'auteur s'est résigné au plus laborieux travail. Durant trois longs mois de captivité subis avec quelque courage, il a vécu dans son cachot de cinq pieds carrés, en compagnie des plus ardens révolutionnaires. Sa chambre à Sainte-Pélagie était meublée de collections complètes des journaux du temps : *Prudhomme, Marat, le Père Duchêne, le Vieux Cordelier,* les Catilinaires de *Camille Desmoulins*, etc., etc., etc., gisaient pêle-mêle sur quelques rayons et sur une table, seul meuble que souffrît le local à côté du lit de sangle obligé.

C'est là, c'est dans ces documens où venaient se refléter les passions de chaque jour, de chaque heure, que l'auteur des *Douze Journées* s'est initié aux choses et aux hommes d'alors. Il a tout écouté; la voix des Clubs et celle des Assemblées nationales; il a tout passé en revue, Montagnards, Girondins, Feuillans, Cordeliers; il s'est mêlé aux faubouriens qui brandissaient la pique, et aux tricoteuses qui hurlaient dans leurs tribunes; il a battu dans tous les sens le pavé révolutionnaire, de l'Abbaye à Bicêtre, des Tuileries au Temple, de la Bastille à Saint-Roch; il a voulu voir son peuple à l'œuvre, le prendre sur le fait : ici sublime, là hideux; héros ou bourreau, généreux ou forcené.

Puis, lorsque remis de tout ce bruissement, il a pu rasseoir ses idées, alors seulement il a songé à sa grande tâche épique. Jugeant les partis, de haut et de loin, il n'a voulu embrasser aucune querelle, arborer aucune couleur. Il a pris du drame et de la poésie partout où il en a rencontré, il a mis sur le piédestal tout ce qui lui en a paru digne, allant chercher ses héros où ils se trouvaient, dans la Plaine ou dans la Montagne, dans la rue ou aux Jacobins, dans les Sections ou à la Commune.

Pourtant, il doit le dire, une pensée a dominé son œuvre, et là seulement il a quitté le rôle de peintre pour prendre celui de juge.

A son avis, le grand mouvement politique

qui précipita la France vers la liberté, sa marche mêlée de bien et de mal, étaient une juste et nécessaire réaction contre une terreur royale de quatorze siècles. Il lui semble même, et au premier coup d'œil cette assertion sera traitée de paradoxe, il lui semble que les crimes de cette époque appartiennent moins à ceux qui les commirent qu'à ceux qui en tombèrent victimes.

Si l'on se prête en effet à suivre de bonne foi la progression révolutionnaire, on en vient à reconnaître que chaque pas vers la terreur eut sa cause déterminante dans une démonstration contre-révolutionnaire, quelquefois impuissante et fanfaronne, mais le plus souvent active et menaçante. Ainsi les correspondances secrètes de Louis XVI amenèrent le 10 août; les troubles de la Vendée, les manifestes de Brunswick, les intrigues de Coblentz préludèrent à la catastrophe des 2 et 3 septembre. Plus tard encore, quand la Révolution fut obligée de passer à gué son fleuve de sang, elle ne s'y enfonça que parceque toute autre voie de salut était fermée pour elle. Il fallait vaincre au-dehors, comprimer au-dedans toutes les volontés mauvaises. Pour sauver la sainteté du territoire, force était d'user de tout; de tendre ici la fibre de l'enthousiasme, là, de créer des soldats par l'ascendant de la peur; de faire en un mot de l'intérieur du royaume quelque chose de si désolant, que chacun eût le désir d'aller aux armées où l'honneur national restait si pur et si lumineux.

Certes, de nos jours encore, à quarante ans d'intervalle, si l'un de ces tribuns farouches qui battaient monnaie sur la place de la Révolution, et envoyèrent tant de chair humaine à l'échafaud; si l'un d'eux, homme d'action et d'audace, paraissait devant un jury national nommé pour peser sa vie; et que là, pour toute réponse aux accusations de sang, il se bornât à dire : « Sous l'ère du despotisme vous avez « été envahis deux fois : deux fois les Cosa- « ques se sont chauffés avec votre bois de Bou-

« logne; s'ils ne sont plus là, c'est que deux fois
« vous avez payé votre rançon. Nous, sous
« notre forte République, le sol est resté vierge
« de souillure. Les Prussiens ont trouvé leurs
« Thermopyles dans les défilés de l'Argonne. »
Que répondre à cet homme? Comment le juger? Dieu ou démon!

En cela l'auteur ne prétend pas soutenir que
tout ce qui se fit alors, même en face de la nécessité, fut moral autant qu'utile. Des crimes
sans excuse se commirent à cette époque
comme à d'autres, des excès déplorables souillèrent une régénération qui eût été trop belle
à demeurer pure. Mais, à tout prendre et à tout
peser, l'ensemble sauve les détails; le bien
l'emporte sur le mal, le but sur les moyens, le
fond sur la forme.

Voilà quelle pensée-mère domine cette épopée; son esprit se résume tout entier dans la
haine du despotisme féodal. Quant au reste,
c'est surtout la grande victoire du peuple
sur la royauté, victoire qui commence au

14 juillet pour finir au 21 janvier; c'est encore à la suite de cet acte décisif, la lutte des partis qui s'entre-tuent, jusqu'à ce que la mesure de sang soit comblée; c'est enfin la venue de ce messie militaire, qui devait plus tard convertir l'Europe à son épée, et qui déja sous la date républicaine donnait, au 13 vendémiaire et au 18 brumaire, un avant-goût du régime consulaire et impérial.

Voilà le plan de cette épopée. On comprend aisément qu'il était impossible d'en faire une œuvre selon Aristote. L'auteur est assez de son siècle pour n'y avoir pas seulement songé; mais il a cru devoir, pour mieux peindre l'époque révolutionnaire, en saisir les points culminans, et leur donner la forme épisodique. Il n'a pas même cherché à lier ses *Journées* entre elles par des transitions oiseuses et toujours prosaïques; ces transitions sont dans la connexité des événemens, dans leur ordre de déduction, et l'auteur aurait, en suivant une marche contraire, à-la-fois gêné la liberté de ses allures poétiques, et fait injure à l'intelligence de ses lecteurs.

PREMIÈRE
JOURNÉE.

20 JUIN 1789.

> Major rerum mihi nascitur ordo.
> VIRGILE.

LE JEU DE PAUME.

Le peuple est patient, car il est éternel !

L'un à l'autre liés par un droit criminel,

Treize siècles de rois, de nobles et de prêtres

Avaient appesanti le front de nos ancêtres :

Le peuple résigné sous des fers écrasans

Se réservait un jour après treize cents ans ;

Il avait donc subi, docile tributaire,

Soixante usurpateurs par ordre héréditaire,

Depuis les premiers Francs sur le pavois élus,

Depuis l'âge douteux des soldats chevelus,

Jusqu'au roi de malheur, né pour des jours prospères,

Qui naquit criminel du crime de ses pères ;

Oreste couronné dont le destin fit choix

Pour clore avec du sang ce long drame des rois.

Quel miracle eût sauvé la vieille monarchie ?

La couronne pesait à sa tête fléchie ;

Le sceptre, pour finir un reste de chemin,

N'était plus qu'un bâton dans sa caduque main ;

Quand l'arbre est près de choir, il est temps qu'on le coupe :

Dès que l'iniquité déborde de la coupe,

Dès qu'un jour a comblé l'ère des jours maudits,
C'est au peuple à son tour de dresser des édits ;
Il faut que sur les grands son bras s'appesantisse
Et que la liberté tienne un lit de justice.

Ouvre ta grille d'or, féodale cité !
Qu'on annonce le peuple ! il est ressuscité !
Le voyez-vous ? il vient au temple de Versailles
Avec la liberté bénir ses fiançailles ;
On dirait que le ciel, en signes éclatans,
Se déclare complice à cent mille assistans ;
Dans les bois du château la foudre promenée
Prête un sublime orchestre à ce grand hyménée ;
Des franges de la nue aux lumineux lambeaux
Resplendit pour la fête un cercle de flambeaux :

On entend une voix, la voix des sombres crises;

Elle éveille la cour en courant sur les frises,

Sous l'arche qui conduit au royal corridor,

Sur le dôme effilé de la chapelle d'or,

Sur les frais pavillons, les longues colonnades,

Que bâtit pour lui seul le roi des dragonnades:

Oh! c'est la voix du peuple! il quitte ses sillons;

Il plante dans le parc ses premiers pavillons;

Il sent qu'il est venu son jour de représailles; [1]

Pour mieux se faire entendre il a choisi Versailles;

En face du balcon, piédestal du grand-roi,

Le fouet en main, il dit aussi : *L'État, c'est moi.* [2]

Venez, valets de cour; à la plèbe vassale

De vos bras énervés fermez la grande salle;

Bien ! refoulez ce peuple ; à ses Représentans

Barrez dès le matin l'église à deux battans ;[3]

Oh ! lui, pour se montrer dans sa noble roture,

N'orne pas les lambris de soyeuse tenture ;

Pour lui, point de fauteuils aux coussins ramollis,

De tapis de velours, sablés de fleurs de lis ;

Par-tout il tient sa cour ; toit de chaume ou mansarde,

Vile échoppe de bois dont le mur se lézarde,

Hangar de jeux publics ou de cirques forains,

Le peuple tient par-tout ses États souverains ;

Et le lieu qu'il choisit pour ses nobles usages

Prend une majesté qui traverse les âges ;

Il imprime sur tout son mémorable sceau ;

Car tout ce qui fut grand eut un humble berceau :

Le chêne aux vastes bras jaillit d'un fruit immonde ;

Un pâtre de Médine a fait trembler le monde ;

L'universelle Rome eut du foin pour cimier,

Son colosse futur rampa sur le fumier;

L'Évangile naquit sous l'étable de chaume,

Et la liberté sainte aux murs d'un jeu de paume. 4

Salut, auguste enceinte où le peuple aux abois

Demanda son salut à tes voûtes de bois!

Avec leurs yeux de flamme, avec leurs voix sonores,

Ils se levèrent là, comme des météores,

Tous ces hommes hardis dont nous nous souvenons:

Ils ignoraient encor l'avenir de leurs noms.

Pour la première fois, ces acteurs de grands rôles

Jetaient aux rangs confus de magiques paroles;

Inconnus dans le peuple, ils s'essayaient tout bas

Aux éclats de tribune, aux tragiques débats,

LE JEU DE PAUME.

Aux tempêtes de voix, aux gestes de la foule,

Au retentissement d'un trône qui s'écroule;

On les voyait bondir sous le hangar des jeux,

Tous ces héros futurs des drames orageux;

Au peuple amoncelé, béant aux avenues,

Parlant avec des voix depuis lors tant connues;

Deux sur-tout qui semblaient sur leurs fronts réunir

Le terrible secret des choses à venir;

Mystérieux agens de cette nouvelle ère,

Double crête surgie au volcan populaire :

L'un hérissé d'orgueil, dans sa laideur si beau,

Ouragan fait de chair, qu'on nomme Mirabeau,

Puissance prophétique en un jour révélée,

Avec sa voix d'airain, sa hure échevelée,

Sa parole qui tue ou consterne d'effroi,

Tout seul il prend le peuple et le couronne roi.

Géant né pour le siècle et que le siècle pousse,

Sa main va lui donner la première secousse,

Et l'effort impulsif de ce puissant levier,

Fera trembler le sol jusqu'au vingt-un janvier...

L'autre est muet encor : sa poitrine oppressée

Se gonfle d'avenir et garde une pensée ;

Sa contenance est froide, et pourtant, de son œil,

Tombe un de ces regards qui présagent le deuil,

Et l'accès du frisson qui contracte sa face,

Révèle son histoire à peine à sa préface ;

Cette énigme sans mot, ce nom de fange ou d'or,

Doit luire ou se flétrir sous le neuf thermidor.

Vous étiez aussi là, penchés sur la fournaise,

De ce monde nouveau méditant la Genèse,

Hommes d'audace calme et d'énergique main,

Qu'on ne peut faire un pas sans heurter en chemin ;

Homériques héros de dix ans d'épopée,

Qui vous dressez la nuit à ma vue occupée ;

Et vous qu'ont emportés les politiques vents,

Et vous qui sur le sol restez encor vivans !

Oh! vierges en ce jour de crimes ou de fautes,

Vous pouvez tous ici porter vos têtes hautes ;

Aucun reflet de sang ne souille encor ces murs ;

Je vous embrasse tous, car vous êtes tous purs ;

Gloire de bronze à vous qui, les premiers de France,

Avez par un serment juré sa délivrance ;

Qui, dans le jeu de paume, et sous l'œil du château,

Avez pris à deux mains la hache et le marteau ;

Et, probes journaliers, sans espoir de salaire,

Posé le monument sur sa base angulaire !

Quarante ans sont passés entre ce jour et nous ;

Mais je vous vois encor sur la terre à genoux ;

Je vous vois convulsifs du feu patriotique,

Le cou, les bras tendus vers le royal portique,

Et saisissant au vol l'électrique moment,

Répéter comme un chœur votre hymne de serment.

Le président du peuple, ignorant l'étiquette,

Pour son fauteuil d'honneur a pris une banquette ;

C'est l'austère Bailly : ce lumineux savant

Observe, dans les nuits, l'ordre du ciel mouvant ;

Mais aux champs étoilés où son œil se promène,

Jamais il n'aperçut un plus grand phénomène :

Sur un trépied de bois il apparaît, debout,

Soufflant la prophétie à ce peuple qui bout,

A la sienne unissant tant de nobles pensées,

Gouvernant de sa main cinq cents mains hérissées,

Et dans sa pose grave, et sa simple fierté,

Par un mot, comme Dieu, créant la liberté.

La liberté! Son char a trouvé son ornière;

On va la voir courir sous sa neuve bannière;

Ceux qui nous l'ont poussée ont des bras vigoureux;

Qu'importe qu'en son vol elle passe sur eux!

C'est l'idole du Gange; elle donne une extase,

Une mort sans douleur au passant qu'elle écrase;

La liberté se sert du sang de ses amis,

Pour cimenter les dons qu'elle nous a promis;

Par des chemins mêlés de gloire ou de supplice,

Il faut qu'au temps donné son œuvre s'accomplisse.

Le jour qu'elle naquit, la cour à Trianon

La regarda passer et demanda son nom;

Tous ces jeunes seigneurs, aux riches aiguillettes,

Soleils de l'OEil-de-bœuf, rayonnans de paillettes,

D'un doigt injurieux, au perron du château,

Désignaient les tribuns vêtus du noir manteau;

Ils charmaient, au récit des populaires scènes,

D'Artois, le compagnon de leurs amours obscènes;

Leur déplorable rire emplissait les salons;

Et la femme du roi, la reine aux cheveux blonds,

Des éclats étourdis de sa joie insensée,

Parfumait en courant son royal gynécée;

Et que fait son époux? son époux chasse au tir;

Il n'entend pas la voix qui vient de retentir;

Impassible monarque il caresse sa meute,

Dans le serment du peuple il ne voit qu'une émeute:[5]

Pauvre roi! le bandeau transmis par ses aïeux,

En glissant de son front est tombé sur ses yeux.

LE JEU DE PAUME.

Oui, jeunes courtisans, oui, femmes satinées,

Ayez foi dans la force et dans vos destinées,

Croyez-en le bonheur qui jamais ne vous ment,

Riez du jeu de paume et de son vain serment :

Que peuvent ces robins, ces gens de bas étage,

Pour vous ravir à tous votre antique héritage?

Que peuvent contre vous leurs absurdes mandats?

N'avez-vous pas ici vos remparts de soldats?

Vous tenez en vos mains la facile victoire,

Avec vos Suisses lourds, vos gardes du prétoire,

Vos cavaliers debout sur le royal perron,

Qui n'attendent qu'un mot pour darder l'éperon.

Eh bien! vous comblerez votre haute démence :

Ce premier pas du peuple est un voyage immense;

Ces gardes menaçans, par vous salariés,

Viendront baiser la main de ceux dont vous riez;

Ces fastueux seigneurs, proscrits de leurs repaires,
Seront bientôt réduits à renier leurs pères,
A briser en public l'écu de leur maison ;
Le peuple fauchera comme un faible gazon
Vos comtes, vos barons, vos marquis, vos vidames ;
Vous entendrez un jour les plus hautaines dames,
Regrettant l'agonie au fond d'un tombereau,
Demander *un moment à monsieur le bourreau !!*[6]

Un jour, au mois brûlant qui précède l'automne,
A Versailles, devant le bassin de Latone,
Sous l'ombre des tilleuls dont le double rideau
Teint d'un triste reflet la grande pièce d'eau,
Un vieillard promeneur, avec un doux sourire,

M'a conté lentement ce que je viens d'écrire ;

De ce glorieux drame, acteur contemporain,

Il avait mis son nom sur ce livre d'airain.

Il ajouta : «Le soir dans ces parcs solitaires

«Où les rois consommaient leurs pompeux adultères,

«Dans ce vert labyrinthe où nous nous promenons,

«Sur ce sentier de fleurs qui mène aux Trianons,

«Après le grand serment, j'ai vu le deuil descendre ;

«Au front de ce palais j'ai vu tomber la cendre ;

«Le seul cri des tribuns aux États envoyés,

«En un jour fit ce bois tel que vous le voyez ;

«Les arbustes naissants ont séché sur la tige ;

«L'imposante forêt a perdu son prestige ;

«Ce parc mélancolique où vient pleurer le vent

«Semble un de ces tableaux qu'on croit voir en rêvant,

«Que l'Arioste crée et qu'Albane dessine,

«Fantastique jardin de Médée ou d'Alcine,

«Image de vapeurs qui porte aux longs ennuis,

«Prête à s'évanouir à l'approche des nuits.

«Maintenant le grand-roi ne saurait reconnaître

«Ce merveilleux séjour que son orgueil fit naître;

«Dans un chaos de deuil tout s'est enseveli:

«La rouille a dévoré les ressorts de Marly;

«Les tritons des bassins sur les conques marines

«N'aspirent plus la Seine au creux de leurs narines;

«Voyez sur ces talus les ifs silencieux,

«Comme une sombre gaze ils descendent des cieux;

«Là, tout est triste et mort depuis le jeu de paume,

«Le silence est le roi de ce vide royaume;

«Il semble que par-tout on lit : En ce temps-là

«Sous ce bois monarchique un grand peuple parla. »

NOTES

DE LA

PREMIÈRE JOURNÉE.

NOTES

DU JEU DE PAUME.

[1] « Il sent qu'il est venu son jour de représailles. »

Il est de ces vérités qu'on ne saurait trop répéter, parcequ'il faut qu'elles deviennent triviales pour servir plus efficacement à l'instruction du peuple; c'est que la révolution française, si juste et si sainte dans son principe, n'a été, même dans ses plus sanglantes crises, qu'une débonnaire compensation des souffrances qu'avait endurées la nation depuis la première dynastie.

Quand on songe aux hideuses barbaries de la féodalité, à ces coutumes qui livraient, sur toute la surface de la France, le peuple entier à la merci d'une poignée de tyrans; quand on se rappelle que le seigneur, fatigué à la chasse, faisait éventrer un vassal pour réchauffer ses pieds dans le sang; quand on lit chaque jour que, depuis les prémices de la jeune vierge, jusqu'à la main coupée du serf mort insolvable, tout était dans le patrimoine des seigneurs et des princes, on est tenté de rendre hommage à la clémence de nos pères, qui se sont contentés de frapper sur un certain nombre de grands coupables.

Ne cherchez pas les causes de la révolution dans le déficit Calonne, dans l'*Encyclopédie*, dans la régence; la révolution a été enfantée par treize siècles d'abrutissement et d'esclavage : chaque crime de la féodalité, du clergé ou des rois, apportait avec lui la nécessité d'une juste représaille.

Ce serait un rapprochement curieux que de comparer les pages sanglantes de la révolution avec la série de violences, d'attentats, d'assassinats et de massacres ordonnés par la royauté, pendant ces siècles tant préconisés, et jusqu'à nos jours. L'histoire de la monarchie, ainsi conçue, serait sans doute moins laconique et moins élogieuse que celle de M. Le Ragois, mais elle aurait son côté neuf de philosophie populaire; écrite à l'usage du peuple, et non *à l'usage de M. le Dauphin*, le peuple y reconnaîtrait la vérité de cette apostrophe de Grégoire : *L'histoire des rois est le martyrologe des nations.* Nous voudrions avoir le temps d'écrire un semblable livre ; mais pour ceux qui seraient désireux de s'en occuper, nous allons tracer le sommaire historique de chaque règne.

Pharamond, roi fabuleux, dont les vertus et les vices sont ignorés. Il commit cependant le crime d'accepter la royauté absolue chez les Francs, libres et égaux jusqu'alors.

Clodion ou Clodius. Ses faits et gestes sont très obscurs. Il engagea sa peuplade dans des guerres injustes contre les Romains, et fut constamment battu par eux. Le jour des noces d'un de ses officiers, il eut l'imprévoyance de faire participer son armée entière aux jeux et aux fêtes ; les Romains survinrent au milieu des réjouissances, et passèrent les Francs au fil de l'épée.

Mérovée. Tout ce qu'on présume de lui, outre sa bataille de Châlons-sur-Marne, c'est que, par une criminelle usurpation, il fit abolir l'usage d'élire les rois, en élevant sur un bouclier le plus brave des chefs, et laissa la couronne à son fils Childéric, qui régna le premier *par droit de naissance.* Cette histoire est d'ailleurs très peu connue.

NOTES. 23

Childéric, roi débauché et dissipateur. L'excès de ses vices souleva contre lui son peuple, qui le chassa et nomma à sa place Égidius Siagrius. Celui-ci fut tellement méchant, que les Francs rappelèrent leur premier roi.

Clovis, roi barbare et dévoré de la soif des richesses. Son autorité était celle d'un chef de brigands. A l'instigation de l'évêque Rémi, il embrassa le christianisme, et n'en continua pas moins ses pillages et ses assassinats.

Théodoric, Clodomir, Childebert et Clotaire. Les quatre fils de Clovis eurent tous les vices de leur père, sans hériter de son génie. Ils divisèrent entre eux la Gaule comme une métairie, et entraînèrent leurs sujets dans une foule de guerres injustes et sanglantes.

Caribert, Gontran, Sigebert et Chilpéric. Les quatre fils de Clotaire divisèrent encore la Gaule en 561. Leur règne est une suite monotone de meurtres, d'usurpations et de brigandages.

Brunehaut et Frédégonde, reines ou régentes, se montrent dans l'exercice de leur tyrannie dignes complices de semblables rois. Le sacrilège, l'adultère, l'assassinat et l'empoisonnement étaient leurs délassemens.

Clotaire II, fils de Frédégonde. L'histoire en dit peu de chose. On sait seulement qu'il fit assassiner Brunehaut, Boson, Godin; qu'il enrichit les évêques et les leudes, et s'assujettit le premier à la tutelle des maires du palais. Il était lâche et cruel. Il est un des premiers rois qui aient sacrifié les intérêts de son royaume aux plaisirs de la chasse.

Dagobert, roi fainéant, fit assassiner son oncle Brunulfe. Le reste de son règne il fut remplacé par le maire du palais, et se consola avec ses femmes de son avilissement. C'est le Louis XV de la première race. Il était cruel comme son père, et fit massacrer neuf mille Bulgares qui voulaient se réfugier en France.

Sigebert et Clovis, rois dévots, imbéciles et fainéans, se bornèrent à enrichir leurs maîtresses et à doter les monastères.

Clotaire III, roi fainéant, laissa régner, sous son nom, Ébroin, maire du palais.

Childéric II fit enfermer dans un couvent Ébroin et Thierri, roi de Neustrie. Pour satisfaire à ses débauches il écrasa le peuple, et fit battre de verges un citoyen vertueux, nommé Bodillon, qui blâmait ces exactions. Cet outrage causa la mort du tyran.

Thierri II et Dagobert II, rois cruels, débauchés et fainéans. Leur règne, ou plutôt celui d'Ébroin, maire du palais, est une suite d'assassinats. Dagobert II périt dans une émeute; Thierri II mourut dans une prison où Pepin l'avait confiné.

Clovis III, Childebert, Dagobert III, rois imbéciles et fainéans.

Chilpéric II et Thierri III, rois fainéans dont les noms servent seulement pour la chronologie. On en peut dire autant de Carloman, Childéric III et Thierri IV.

Pepin-le-Bref, plus audacieux que ses pères qui s'étaient contentés du titre de maires du palais, usurpe le trône au mépris du droit d'élection, et fonde une nouvelle dynastie.

Charlemagne, génie vaste et entreprenant, étend ses conquêtes en Europe, se fait proclamer empereur d'Occident, et porte la gloire des Francs à un haut degré de splendeur. D'ailleurs ambitieux et cruel.

Louis Ier, roi dévot, faible et imbécile, jouet de ses fils et des évêques.

Lothaire Ier, fils dénaturé et roi despote, se soumet aux moines pour racheter ses crimes.

NOTES.

Charles-le-Chauve, roi lâche, sans vertus, entreprenant et cependant inhabile à exécuter. Jouet des grands, haï du peuple, avare et avide d'impôts; il laissa par son peu de courage les Normands ravager une partie de son royaume.

Louis-le-Bègue, prince valétudinaire et imbécile, sans vices ni vertus.

Louis III et Carloman, princes faibles et dont le règne fut très court.

Charles-le-Gros, roi lâche et sans énergie, fit assassiner Godefroi, ennemi qu'il n'osait combattre, signa des traités honteux avec les Normands, et se couvrit d'infamie.

Charles-le-Simple, roi fainéant qui mourut en prison. C'est sous son règne que la féodalité prit sa plus grande extension.

Raoul, roi guerrier et entreprenant.

Louis IV, d'outre-mer, guerrier, imprudent et déloyal. Ses injustes guerres écrasèrent le peuple d'impôts.

Lothaire II. L'histoire s'explique peu sur son règne. Nous savons seulement que le peuple était accablé de charges onéreuses, et livré à une odieuse servitude.

Louis V, roi fainéant. A la fin de son règne, l'empire de Charlemagne était réduit à la Neustrie et à quelques provinces adjacentes.

Hugues Capet, roi audacieux et cruel. Son règne est rempli de guerres et signalé par les envahissemens de la féodalité, dont lui-même relève.

Robert II chante au lutrin, dote les abbayes et fait des miracles.

Henri Ier. Sous son règne, la guerre et la famine dépeuplèrent la France d'une manière horrible.

NOTES.

Philippe Ier, roi débauché et cruel, altère les monnaies par avarice, et trafique scandaleusement des bénéfices ecclésiastiques.

Louis-le-Gros. Son règne est une série de guerres et de brigandages. Il invente la guérison des écrouelles au moyen d'un attouchement.

Louis VII, dit *le Jeune*, roi faible, dissimulé, irritable et cruel, ravagea la Champagne, et brûla le bourg et le château de Vitry. Treize cents personnes périrent dans cet incendie par les ordres du roi. Perdit une armée nombreuse dans une folle croisade.

Philippe-Auguste fit faire quelques progrès aux lettres et aux sciences, mais partagea les opinions et les vices de son époque.

Louis VIII préféra persécuter les Albigeois, et leur faire la guerre, lorsqu'il pouvait facilement chasser les Anglais qui envahissaient la France.

Louis IX, prince bon et honnête, dont l'Église a fait un saint, parcequ'il jeûnait, se macérait, portait un cilice, se faisait donner le fouet, et enfin parcequ'il dépensa l'argent et le sang de la France à d'inutiles et ridicules croisades.

Philippe III, plutôt moine que roi.

Philippe IV persécuta et brûla les Templiers. Ensuite il se délassa à battre la fausse monnaie, en altérant par ses édits la valeur des espèces.

Louis-le-Hutin, prince violent et cruel. Son règne de deux ans n'est rempli que de supplices et de persécutions.

Philippe V, dit *le Long*, prince faible et indolent.

Charles IV, dit *le Bel*, persécuta cruellement les Juifs, et s'enrichit en altérant les monnaies.

Philippe VI, prince aveugle et sans jugement, eut le malheur d'être tracassier, et d'allumer, par sa conduite impolitique, entre la France et l'Angleterre, une guerre qui dura plusieurs siècles. Il accrut les impôts, et par suite amena la famine et la peste. Pendant ces calamités, il dansait avec ses courtisans. Les historiens le représentent comme un très mauvais roi.

Jean. L'histoire l'appelle *le Bon*, et cependant son règne n'est qu'une suite d'actes de despotisme et de traits, qui, dit un écrivain contemporain, caractérisent un tyran, dur, fougueux, colère et cruel.

Charles V. Il est surnommé *le Sage*, c'est-à-dire, dans le langage du temps, *le Lettré*. Il fut l'ami des moines, et pour satisfaire son avarice, écrasa la France de charges et d'impôts.

Charles VI, roi sans doute bon et vertueux, mais fou. Pendant sa longue démence, la France fut le théâtre des plus horribles calamités. La guerre civile, la famine, la peste, les brigands et les grands seigneurs ravagèrent ce malheureux pays, et tourmentèrent sans relâche la nation. Les Anglais profitèrent de ces affreuses calamités pour envahir le territoire.

Charles VII, prince inepte, faible, et livré à ses maîtresses. Une femme sauva sans lui la France, et la délivra des étrangers : pour récompense, le roi la laissa brûler vive par les Anglais. Voluptueux et ignorant, Charles VII abandonna la France à l'oppression des seigneurs.

Louis XI, prince avare, méchant et superstitieux. Mauvais fils, mauvais père, il fut accusé d'avoir empoisonné son père et son frère. L'histoire l'a surnommé le Néron de la France. Pour expier ses crimes, il enrichissait les églises. Son château était entouré de fossés, de grilles et de gibets, garnis de cadavres.

Charles VIII, fils de Louis XI. Son père l'avait élevé avec cette maxime : *Celui qui ne sait pas dissimuler ne sait pas régner.* Il est juste de dire qu'il fut meilleur que son éducation ne pourrait le faire présumer.

Louis XII, économe et vertueux. Il avait de bonnes intentions. Ses fautes et ses erreurs appartiennent à son siècle ; mais la France n'en souffrit pas moins.

François Ier. Ce roi dissipateur et débauché persécuta les protestans avec la cruauté la plus froide et la plus révoltante. Pendant vingt-deux ans, chaque jour de son règne fut marqué par un auto-da-fé ; la cour assistait aux supplices et encourageait les tortures. Le roi établit un tribunal d'*inquisition*, et une *chambre ardente* pour juger plus promptement les luthériens. L'espionnage des inquisiteurs, les délations, les bûchers et la servile complaisance des tribunaux vendus à François Ier, réduisirent sur tous les points de la France un grand nombre de familles à l'exil ou à la misère ; les biens des victimes étaient confisqués, et celles-ci livrées aux flammes sur le moindre soupçon. Des villages entiers (Cabrières et Mérindol en Provence) furent détruits, et leur population massacrée sans distinction d'âge et de sexe.

Ce roi, surnommé *le Père des lettres*, rendit le 13 janvier 1535 un édit portant l'abolition de l'imprimerie, défendant *toute impression de livres dans le royaume, sous peine de la hart.*

Henri II, prince cruel et inepte, toute sa vie dirigé par des maîtresses, des courtisans, sa mère Médicis, et le cardinal de Lorraine.

Continuation des massacres, bûchers et supplices commencés par son prédécesseur.

François II, âgé de seize ans, ne règne que dix-sept mois. Persécutions et supplices de luthériens. Commencement des guerres de religion.

NOTES. 29

Charles IX ordonne les affreux massacres de la Saint-Barthélemy. Dix mille protestans égorgés à Paris, vingt mille dans le reste de la France. Le roi donne lui-même l'exemple.

Henri III, prince lâche et livré à la débauche; son règne est celui des mignons et des capucins. Les persécutions religieuses continuent par-tout où les protestans ne sont pas les plus forts. Ce prince avait, comme Charles IX, tiré sur les Parisiens la nuit des massacres.

Henri IV dilapide nos finances par sa passion du jeu et ses prodigalités à l'égard de ses maîtresses. Ce prince qui, malgré ses fautes, est encore le meilleur de nos rois, ce *bon Henri* punissait des galères le braconnier qui tirait sur le gibier royal.

Louis XIII. Guerre civile rallumée entre les catholiques et les protestans. Long despotisme de Richelieu; nombreuses victimes condamnées par la servilité des juges.

Louis XIV, surnommé *le Grand*. Tyran glorieux et prodigue, qui paya des historiographes, des poëtes, des sculpteurs et des peintres, pour créer sa renommée. Ses guerres longues et continuelles épuisèrent la France d'hommes; ses fêtes et sa passion pour les monuments nécessitèrent de nombreux impôts qui appauvrirent la nation : c'est là néanmoins le beau côté de la médaille. La fin de son règne fut dirigée par les jésuites et une vieille dévote. L'édit de Nantes fut révoqué à leurs instigations, et cent cinquante mille familles protestantes, dépositaires de notre industrie, quittèrent le territoire français, victimes de leur attachement à leur religion. Ceux qui restèrent furent, pendant longues années, traqués comme des bêtes fauves, embastillés ou pendus. Des régimens de dragons convertissaient, le sabre à la main, les populations du Midi et arrachaient les enfans à leurs mères. Louis XIV mourut après soixante-dix ans d'un règne fastueux et tyrannique; le peuple se réjouit de sa mort et insulta au cadavre du grand-roi.

Louis XV, livré toute sa vie à des maîtresses du plus bas étage qui règnent sous son nom, est le modèle le plus accompli du despotisme dans sa décrépitude. La France descend sous son règne au dernier rang des nations de l'Europe. Ses prodigalités, jointes à celles des règnes précédens, achèvent la misère du peuple. On se réjouit à sa mort, et cependant l'*Almanach royal* le surnommait le *Bien-Aimé*.

Louis XVI. ....

Louis XVIII. Voir à la *Biographie des Contemporains* les articles: Ney, Labédoyère, Mouton-Duvernet, Faucher, Lallemand, Didier, Carbonneau, Bories, Raoulx, Goubin, Pommier, Berton, Caron, Caffé, Vallée, etc., etc., et cent autres que nous ne pouvons citer, faute d'espace. Se rappeler en outre les dépêches télégraphiques, les agens provocateurs, les assassinats du Midi, la guerre d'Espagne, etc.

Charles X. La rue Saint-Denis en 1827; la mitraille des trois journées!...

Maintenant, l'histoire à la main, comparez, et, si vous l'osez, condamnez la nation de 89 et celle de 1830!!

² « Le fouet en main, il dit aussi : *L'État, c'est moi.* »

On se rappelle que Louis XIV, à peine âgé de dix-sept ans, et s'essayant au despotisme, entra subitement, le fouet à la main, à la suite d'une partie de chasse, dans la salle d'audience du parlement de Paris, et fit aux magistrats des remontrances sévères accompagnées de menaces.

C'est le même prince qui, dans une autre circonstance, et plus tard, interrompit le discours d'un conseiller qui lui disait naïvement : « Le roi et l'État. » *L'État, c'est moi*, dit le despote. Le conseiller humilia sa raison devant cet axiome, qui fit fortune et servit à la France de Charte constitutionnelle jusqu'en 1789.

³ « Barrez dès le matin l'église à deux battans. »

La cour, pour empêcher la réunion des députés du Tiers, fit fermer la porte des églises des Récollets et de Saint-Louis. C'est alors que les députés se décidèrent à prendre le jeu de paume pour tenir leur séance.

⁴ « Et la liberté sainte aux murs d'un jeu de paume. »

Le jeu de paume servait aux exercices des princes, et sur-tout du comte d'Artois. Ses murs étaient noircis et dépouillés. Il n'y eut, pendant toute la séance, que deux ou trois mauvais bancs et une table. Mais, dit un écrivain de l'époque, ce lieu s'agrandit par la majesté de l'assemblée. Les galeries se remplirent de spectateurs ; la foule du peuple entoura la porte, et dans les rues, à une grande distance, se pressa pleine d'intérêt.

Le jeu de paume est aujourd'hui un atelier de menuiserie.

⁵ « Dans le serment du peuple il ne voit qu'une émeute. »

Dans un des premiers mouvemens de 1789, le roi s'écria, consterné : « Mais c'est donc une émeute ! » La Rochefoucauld-Liancourt lui répondit : *Non, sire ; c'est une révolution.*

Louis XVI et sa cour étaient venus jusque-là sans le savoir !

NOTES.

[6] « Demander un moment à monsieur le bourreau. »

Lorsque madame Dubarry qui, sortie des dernières classes de la société, était parvenue à gouverner despotiquement Louis XV et la France, fut condamnée à mort et conduite au lieu du supplice, elle s'exhala en cris affreux tout le long du trajet. Portée sur l'échafaud, sa dernière parole fut celle-ci : « Un moment, monsieur le bourreau !.... »

DEUXIÈME
JOURNÉE.

INTRODUCTION

A LA DEUXIÈME JOURNÉE.

Le serment du jeu de paume n'était que le prologue d'un grand drame. L'heure approchait où l'insurrection parlementaire allait être suivie de la révolte des masses; où le peuple, las d'être spectateur oisif de sa régénération sociale, devait prendre part à la lutte et peser dans la balance avec ses haches, ses piques et ses canons.

Un lit de justice eut lieu le 23 juin dans la salle ordinaire des États. Les deux premiers ordres furent installés avec les formes de l'étiquette, mais on laissa longtemps le Tiers-État attendre sous le vestibule. A la fin les Députés du peuple se lassèrent de cette ridicule tribulation; ils allaient se retirer. On se décida à ouvrir, ils entrèrent.

Louis XVI fut introduit; il adressa une longue série de reproches aux États, et fit donner lecture d'une *déclaration constitutionnelle*. Cet édit cassait les arrêtés du Tiers et les mandats impératifs, et déterminait certaines formes réglémentaires. Le roi ordonna ensuite à l'assemblée de se séparer, et se retira lui-même au milieu du plus profond silence. Après son départ tous les membres de la noblesse sortirent ainsi qu'une partie du clergé; les communes demeurèrent à leur place et en silence. Le grand-maître des cérémonies, Dreux-Brézé, s'approcha de Bailly, et lui dit : « Monsieur, vous avez « entendu les ordres du roi. » *La nation assemblée n'a pas d'ordre à recevoir*, répondit le président du Tiers. Ce fut alors que Mirabeau prononça ces immortelles paroles : « Allez dire à votre maître que nous sommes ici par la « volonté du peuple, et que nous n'en sortirons que par « la force des baïonnettes. » Dreux-Brézé se retira.

Mais la cour ne se tint pas pour vaincue. Les ordres du roi amenèrent à Versailles, à Paris ou dans les environs, de nombreuses troupes prêtes à agir. On parlait hautement de reléguer l'assemblée à Soissons, ou de la dissoudre par la force. Le ministère fut recomposé, et le Génevois Necker, directeur-général des finances, fut exilé à Coppet.

Cependant une effervescence singulière se manifestait à Paris. Dès la nuit du 12 au 13 juillet, les principales barrières furent incendiées. Le prince de Lambesc, pour étouffer l'émeute, chargea les citoyens à la tête d'un régiment étranger, et tua de sa main un vieillard, aux Tuileries. Ce meurtre fut le signal de la vengeance.

Le premier coup frappé sur le vieil édifice lézardé et décrépit de la monarchie capétienne fut la prise de la Bastille par le peuple de Paris soulevé au nom de la liberté et de l'égalité. C'est ce glorieux événement qui forme le sujet de la *deuxième journée*.

« L'heure qui la verra s'incliner sur son ombre,

« L'heure où d'humbles vassaux, enhardis par le nombre,

« A sa tête royale auront porté la main,

« Sera pour tes neveux le jour sans lendemain. »

Et depuis lors, pareil au glas de l'agonie,

Cet oracle importun troublait la tyrannie ;

La soucieuse Cour, le doigt vers l'avenir,

Du secret désastreux n'osait s'entretenir,

Et les rois, en quittant le trône héréditaire,

Transmettaient à leurs fils le paternel mystère.

Aussi, pour raffermir leur pâle royauté,

Chacun d'eux, sur le trône à son tour cahoté,

Exhaussait de ses mains la prison sans rivale,

De son fossé bourbeux prolongeait l'intervalle,

Attachait à ses flancs une nouvelle tour

Plus haute, inaccessible à l'aile du vautour,

Et pour garder ce Fort, protecteur de sa race,
Ajoutait une piéce à sa dure cuirasse.

Elle était donc debout, cette fille des rois,
Étendant sur le sol ses immenses parois;
Babel du despotisme, elle portait aux nues
Ses corridors, tout pleins de choses inconnues,
Ses insolentes tours que la crainte bâtit,
Ses voûtes d'où jamais une voix ne sortit.
Les monarques juraient par sa base éternelle :
Du peuple de Paris sinistre sentinelle,
Le front illuminé d'immobiles fanaux,
Au-dessus du faubourg élevant ses créneaux,
La nuit, elle parlait de ses lugubres scènes,[2]
Avec son frère aîné le donjon de Vincennes.

14 JUILLET 1789.

LA BASTILLE.

> Ici l'on danse.
> (*Le Peuple.*)

Au flanc des vieilles tours, par les siècles noircies,
Le temps a sillonné de sombres prophéties;
Sous le crâne voûté de leurs blocs chancelans,
Un oracle enfoui dort quelquefois mille ans.

Les règnes de nos jours, comme ceux des vieux âges,

Sous des Palladium conjurent les présages;

Mais, quand des potentats l'heure suprême a lui,

Leur talisman se brise et les brise avec lui.

Le jour où sur le front de la Gaule vassale,[1]

La Bastille éleva sa tête colossale,

Ses créneaux, ses donjons, son large parapet,

Un nécromant parut devant Charles Capet :

« Écoute bien, le ciel m'en donna l'assurance,

« Le sang capétien dominera la France;

« Sous le nom des Bourbons, à défaut des Valois,

« La race de tes fils lui dictera ses lois;

« Ils la tiendront esclave et ne craindront rien d'elle,

« Tant que subsistera ta haute citadelle;

« Tant que sur ses pieds lourds, que le ciment unit,

« Se soutiendra debout ta fille de granit.

LA BASTILLE.

Paris a son Forum comme Rome l'antique,

Immense rendez-vous du peuple politique,

Bazar resplendissant dans les jours de bonheur,

Jardin quadrangulaire aimé du promeneur,

Arceaux où nuit et jour, de colonne en colonne,

Sur de larges pavés la foule tourbillonne.

Les rayons de l'été, brisés au triple mur,

Dans son tube de verre étonnent Réaumur,

Alors que de juillet, sous les deux cents portiques

S'engouffrent par torrens les flammes magnétiques.

C'est le mois, c'est le lieu de la rébellion,

Le peuple y vient bénir le signe du lion :

C'est le patron du peuple; à grands flots de lumière,

Il lui verse d'en haut sa liberté première,

Il dore ce jardin, ce fantastique lieu,

Ces pilastres légers que bâtit Richelieu.

Tous les fronts sont brûlans, tous les yeux sont en flamme,

La grande Liberté dit son épithalame;

Ils sont venus, les jours des livres sibyllins :

Silence! écoutez tous Camille Desmoulins! [6]

C'est le prêtre du lieu; la tête échevelée,

Sur la chaise de bois de la riante allée,

Noyé dans les rayons qui lui pleuvent des cieux,

Qu'un soleil fraternel mêle au feu de ses yeux,

Au peuple amoncelé qui de chaleur pétille,

D'une entraînante voix il crie : A LA BASTILLE!

Mille voix ont redit ces trois magiques mots;

Puis de l'arbre voisin il coupe les rameaux,

Les sème autour de lui; la foule les recueille;

Tous arborent au front la cocarde de feuille : [7]

Heure morne! au signal des muets familiers,

Le rauque pont-levis hurlait sur ses piliers;

On entendait rugir, du pavé jusqu'au faîte,

Les gonds, les cadenas, orchestre de la fête;

L'orgueilleuse étalait son formidable écrin

De chaînes, de carcans, de bracelets d'airain;

De sa porte, fermée à l'espérance seule,

La herse, en se levant, ouvrait l'immense gueule;

Et malheur au captif que la main des bourreaux

Descendait en silence au fond des soupiraux!

Vêtu de sa prison comme d'un froid suaire,

Vivant, on l'inscrivait au livre mortuaire,

Et quand le dernier souffle avait quitté sa chair,

Ses os restaient pendus à la chaîne de fer.[3]

Oh ! sur ces blocs massifs, sur cette plate-forme,
Comme sur un chevet que la royauté dorme !
Guichetiers couronnés, élus par droit divin,
Allez, ne rêvez plus sur un oracle vain :
Votre Bastille est là, haute, imposante, et belle ;
Que peuvent tous les bras de la France rebelle ?
Quel levier assez fort pour secouer ce poids ?
Eh bien ! contemplez-la pour la dernière fois :
Voyez-vous son horloge où depuis tant d'années [4]
Se traînent lentement les heures enchaînées ?
Écoutez ! elle sonne, à son terme certain,
L'heure qu'à cinq cents ans assigna le destin.
Venez, peuples ! depuis l'ère où naquit le monde,
Jamais date plus grande, époque plus féconde,
Dans les fastes humains ne remplit un feuillet :
Levez-vous, c'est le jour du QUATORZE JUILLET. [5]

Sembla s'évanouir comme un décor trompeur
Qui se perd sur la scène, et s'échappe en vapeur ;
Mais l'œuvre mémorable en ce jour de merveille,
C'est de voir d'un seul bond un peuple qui s'éveille,
Qui, sûr de soutenir un cartel arrogant,
Devant un château-fort ose jeter le gant ;
Qui pour inaugurer son sublime scandale
Met sa profane main sur l'arche féodale ;
Qui, bravant Bezenval, Lambesc, et ses dragons,
Vient briser à deux poings les portes sur leurs gonds.
Gloire à qui le premier perça ces noirs repaires !
Votons l'apothéose à celui de nos pères
Qui plaça le boulet dans ce premier canon
Que l'écho des huit tours porta sur Trianon !
Oh ! prévoyait-il bien dans sa vague pensée
Quelle œuvre d'avenir il avait commencée,

Quel retentissement devait avoir pour nous
Ce canon solennel qu'il pointait à genoux?
Quel siècle allait jaillir de sa sainte fumée,
De la première amorce en ce jour allumée,
Qui, dorant d'un éclair ces augustes instans,
Devait de flamme en flamme étinceler trente ans?
Que de ce grain de poudre allait bientôt éclore
Le signe flamboyant du drapeau tricolore,
Et des rayons de gloire à couvrir chaque front
Des hommes qui vivaient et de ceux qui vivront?

Et voilà ce qui donne au grand jour que je chante
Ce lumineux éclat, cette pompe touchante;
C'est le jour sans pareil : sublimes conquérans,
Nos aïeux aujourd'hui nous paraîtraient moins grands,

LA BASTILLE.

Électriques soldats, par un élan soudain,

Ils tordent en passant les grilles du jardin,

Escortent pêle-mêle, héroïques recrues,

La jeune Liberté qui marche dans les rues,

Débordent sur les quais, inondent chaque pont;

Au cri de Desmoulins l'autre rive répond,

Et vers le château-fort, objet de tant de haine,

D'un bond universel tout Paris se déchaîne.

Sentinelles des tours! baissez le pont-levis;

Le peuple et la Bastille! ils sont là, vis-à-vis :

Voyons! qui le premier baissera la paupière,

Ou du géant de chair, ou du géant de pierre?

Voyons! qui roulera dans le fossé fangeux,

De la tour impassible ou du peuple orageux?

C'est un duel à mort : malheur à qui succombe !
Pour l'esclave ou le maître apprêtez une tombe.
O Justice ! il est temps de lui faire raison ;
Paris tient cette fois la Bastille en prison,
De ses anneaux vivans il étreint l'édifice,
Comme un boa se roule aux flancs d'une génisse.

Ah ! s'il est un jour saint dans nos fastes écrits,
Un jour étincelant sur le front de Paris,
C'est ce jour de juillet, cette ère qui commence
Le lumineux sillon d'un avenir immense.
Sans doute on ne vit pas, dans vingt sanglans assauts,
Les cadavres vainqueurs s'élever en monceaux ;
Oui, ce peuple ouragan eut la victoire aisée ;
Dans ses mains, à son poids, la Bastille pesée

S'il leur avait fallu, sur les pas de Camille,

Après un an d'assauts monter sur la Bastille.

Leur siége fut un jeu : sur le bord du fossé,

Dans l'enceinte des cours peu de sang fut versé;

Car le peuple est bien fort : s'il trouve à son passage

Un château ceint de tours, reliques du vieux âge,

Dentelé de créneaux noircis par le canon,

Qu'on somme de se rendre, et qui réponde : Non;

Le peuple le secoue en ses fortes racines,

Dans les fossés profonds il se couche en fascines,

Prend élan du glacis, et dans trois de ses bonds

Il renverse les tours, les chaînes et les ponts.

Voilà ce qui fut fait : le château des Tournelles,

Ses tours faites pour vivre et pour être éternelles,

Son bastion d'avant, vestibule d'enfer,

Son double pont-levis scellé de clous de fer,

Tout, en bien moins de temps que ne l'écrit ma plume
Fut broyé comme un bloc d'argile sur l'enclume.

Oh ! lorsque dans sa veille on porte son esprit
Sur cette histoire d'or qu'un père nous apprit,
Un frisson de bonheur vient rafraîchir notre ame ;
On se fait en idée acteur de ce beau drame :
Mêlé parmi ces fronts chargés de rameaux verts,
On se rue avec eux dans les cachots ouverts ;
On suit les souterrains dans leur profonde issue,
On arrache les fers à la voûte qui sue ;
En contemplant ce peuple, Hercule des faubourgs,
Qui de ses larges mains démantelle les tours,
Étreint le despotisme au fond de sa tanière,
Colosse aux dents de fer, aux entrailles de pierre ;

A l'aspect du soleil qui, d'un pur horizon,

Tombe en lames de feu sur la noire prison ;

De ce limpide jour qui perce les décombres,

Qui ruisselle au milieu de quatre siècles d'ombres ;

Au bruit de ce canon qui transmet coup sur coup,

La victoire à Paris et le deuil à Saint-Cloud ;

Qui porte pour message, à ceux du Jeu de Paume,

Qu'un nouveau souverain surgit dans le royaume ;

Des pleurs d'enivrement tremblent à nos deux yeux,

Et nous nous grandissons devant de tels aïeux.

———◆———

C'est ainsi que tomba la prison féodale :

Va, peuple de Paris, héroïque vandale,

Sur les débris épars de son dernier arceau

Laisse de ta fureur l'ineffaçable sceau ;

La Bastille ! c'est peu que ta main la renverse :

Sur ses noirs fondements passe sa propre herse,

Comme une proie aux dents; traîne dans les fossés

Ses créneaux, sur ton front si long-temps exhaussés;

Ta rage est légitime, et ta victoire est sainte.

Va, danse, chante en rond sur sa lugubre enceinte,

Et qu'à chaque refrain de l'hymne universel

Dans ses tristes sillons ta main sème le sel.

C'est bien !... Depuis ce jour, sur cette place immense

Où ta main répandit l'inféconde semence,

Où tu mis sous l'orteil l'édifice géant,

Le sol maudit par toi n'a vu que le néant.

Nul projet de trois rois, nulle puissance d'homme

N'en fit surgir palais, fontaine, marbre ou dôme.

Souvent sur cette place ils ont porté leurs pas,

Ceux qui savent tenir l'équerre et le compas,

Rêvant quelque édifice, étendant leurs cordages

Aux jalons verticaux des lourds échafaudages,

Voilant dans le mystère, à l'abri des hangars,

Des monuments futurs qu'attendaient nos regards :

La terre a revomi, du fond de ses entrailles,

Le ciment encor frais, et les pans de murailles.

Maçons profanateurs! laissez à ce terrain

L'empreinte où se posa le pied du SOUVERAIN.

Il faut qu'à tout jamais la leçon se propage ;

On n'écrit qu'une fois sur une telle page ;

C'est le champ de la mort, c'est l'espace interdit :

Pour montrer à vos yeux que ce sol est maudit,

Pour signaler au monde un formidable exemple,

L'invisible écriteau ne peut être assez ample.

Depuis que le palais, œuvre de Salomon,

S'abîma dans la rue au niveau du limon,

Les hommes bien souvent ont d'une main impie

Voulu du temple saint rebâtir la copie ;

Chaque fois entr'ouvrant des gouffres sulfureux,

Le terrain profané se referma sur eux ;

Car le ciel avait dit à la merveille altière :

Il ne restera pas de toi pierre sur pierre.

Comme le temple impur de l'antique Sion,

La Bastille est vouée à la destruction ;

Sur ces deux monumens, broyés comme du sable,

L'anathème d'en haut subsiste impérissable,

Afin que l'univers apprenne qu'en ce lieu

A passé la colère ou du peuple ou de Dieu.

NOTES

DE LA

DEUXIÈME JOURNÉE.

NOTES

DE LA BASTILLE.

[1] « Le jour où sur le front de la Gaule vassale,
« La Bastille éleva sa tête colossale. »

La Bastille fut construite sous Charles V, commencée en 1369, et achevée en 1383.

Hugues Aubriot, prevôt des marchands, né à Dijon, en posa la première pierre, et en fut le premier prisonnier. On l'y renferma sous prétexte d'hérésie. Il en fut tiré par la faction des *Maillotins*, qui le mit à sa tête ; mais Aubriot, à peine libre, ne voulut pas courir la chance d'une incarcération nouvelle, et quitta Paris le jour même.

Sous Charles V, la Bastille ne consistait qu'en deux tours isolées. Quelques années après on construisit deux autres tours ; elle devait servir à-la-fois de prison et d'arsenal. Vers le commencement de son règne, Charles VI fit ajouter quatre nouvelles tours aux anciennes, et les réunit toutes par un mur. Il fit entourer l'édifice d'un fossé profond de vingt-cinq pieds. Les cachots étaient enfoncés de dix-neuf pieds au-dessous du niveau de la cour, et n'avaient pour ouverture qu'une étroite barbacane donnant sur le fossé. Les prisonniers, privés d'air et de clarté, plongés dans une atmosphère infecte, ne pouvaient y vivre long-temps.

Pendant les guerres qui eurent lieu sous la minorité de Louis XIV, le grand Condé essaya vainement de s'emparer de cette forteresse que Turenne jugeait inexpugnable, quoiqu'elle eût été prise deux fois, en 1594 et en 1649. Le peuple de Paris s'en rendit maître en moins de quatre heures. La vérité de l'histoire oblige à dire que la résistance ne fut pas proportionnée à l'attaque, et que le courage des assaillans était plus grand que leurs dangers. Une longue paix avait désarmé à demi les remparts de la Bastille et affaibli la garnison.

[2] « La nuit, elle parlait de ses lugubres scènes,
« Avec son frère aîné le donjon de Vincennes. »

Le donjon de Vincennes, autre prison d'État, fut fondé en 1337 sous Philippe de Valois, continué par Jean-le-Bon, et achevé sous Charles V, qui, à ce qu'il paraît, avait un goût très prononcé pour les constructions semblables. Du temps de Charles VII, le roi d'Angleterre, Henri, maître d'une grande partie de la France, mourut à Vincennes, en 1422; ce château n'était alors qu'une maison de plaisance, où les rois venaient *se soulacier* et *s'esbattre*; mais sous ce prince, en 1472, ce lieu d'*esbattement* fut changé en prison d'État. Charles IX y mourut, dévoré de remords; et un des successeurs de ce prince, Louis XIII, ou plutôt Richelieu, y entassa un grand nombre de prisonniers.

[3] « Ses os restaient pendus à la chaîne de fer. »

Il y avait dans les souterrains de la Bastille un cachot fangeux et fétide. Du centre d'une énorme pierre, placée au milieu de ce cachot, partait une grosse chaîne propre à retenir, non pas seulement un homme, mais tel monstre que l'on puisse imaginer. Les

NOTES.   59

électeurs de Paris, indignés, firent arracher la chaîne, démonter et briser les doubles et triples portes, et scier les bascules des ponts-levis.

A l'époque de la démolition, on découvrit dans l'une des fosses attenant aux cachots un squelette parfaitement conservé. Un grand nombre de députés de la Constituante s'y étant transportés pour le voir, gardèrent un profond silence ; Mirabeau fut le premier qui le rompit, en s'écriant : *Pourquoi ces gueux de ministres ne mangeaient-ils pas les os !* Quelques jours après, dans des fosses inconnues aux guichetiers, on découvrit deux autres cadavres avec un ou deux boulets de 36. Il paraît, et cette pensée inspirait une profonde horreur, que des malheureux avaient été écrasés dans ces oubliettes. Dussault raconte dans ses Mémoires qu'il a vu et touché à la Bastille un vieux corselet de fer inventé pour retenir un homme par toutes les articulations, et le réduire à une éternelle immobilité.

Cet horrible instrument de torture fut transporté à l'Hôtel-de-Ville. On découvrit d'autres machines bizarres dont l'usage ne put être deviné : c'était le secret des geôliers et des bourreaux.

On lit dans les mêmes Mémoires : « On nous indiqua une terre « grise extraite de latrines sèches que l'on avait vidées, et l'on nous « y fit remarquer une grande quantité d'ossemens, la plupart « brisés ou en dissolution ; mais en cherchant nous trouvâmes un « *tibia* bien conservé... Des ossemens humains dans des latrines ! »

Lorsque l'assemblée des électeurs entendit la lecture du procès-verbal qui attestait que des cadavres avaient été trouvés dans les cachots, l'abbé Fauchet, depuis évêque du Calvados, s'écria : « Le « procès-verbal que vous remettez dans les archives de la Com- « mune constate que les cadavres appartiennent au despotisme,

« et que c'est lui qui les avait scellés dans les murs de ces cachots
« qu'il croyait éternellement impénétrables à la lumière. Le jour
« de la révélation est arrivé ; les os se sont levés à la voix de la
« liberté française : ils déposent contre les siècles de l'oppression
« et de la mort, et prophétisent la régénération de la nature hu-
« maine, etc., etc. »

<blockquote>
4 « Voyez-vous son horloge où depuis tant d'années
« Se traînent lentement les heures enchaînées ? »
</blockquote>

L'horloge de la Bastille, qui fut brisée à coups de pavés, était supportée par deux statues d'esclaves chargés de chaînes. Il y avait également, par un autre raffinement de barbarie, un tableau qui servait de principal ornement à la chapelle, et qui représentait *saint Pierre aux liens*. Ce tableau, apporté le 15 juillet dans la salle des électeurs, resta exposé aux yeux du public, qui ne pouvait concevoir cette recherche tyrannique.

<blockquote>
5 « . . . . C'est le jour du QUATORZE JUILLET. »
</blockquote>

L'histoire de la prise de la Bastille est bien connue ; mais nous devons néanmoins placer ici quelques détails chronologiques qui ne pouvaient entrer dans le plan des Douze Journées.

Le 12 juillet, le prince de Lambesc charge le peuple. On se réfugie au Palais-Royal, on s'arme et on incendie les barrières dans la nuit.

Le 13, on sonne le tocsin, on pille les boutiques des armuriers, la populace se munit de bâtons, de piques et de lances. Le comité des électeurs des trois ordres détermine l'établissement d'une garde bourgeoise.

Le 14 juillet, le peuple attaque la Bastille par le faubourg Saint-Antoine. Le gouverneur de Launay fait déployer le drapeau de paix ; alors cinq ou six cents bourgeois armés s'introduisent dans la forteresse ; mais tout-à-coup le pont-levis est haussé, et une décharge d'artillerie renverse plusieurs citoyens ; le peuple s'épouvante, le canon tire sur la ville, un grand nombre de Parisiens sont tués ou blessés. Cependant on se rallie, on amène du canon, et les masses débouchent par la cour des Célestins. Une attaque du côté des jardins ne réussit pas, on s'avance dans la cour des salpêtres, on s'empare du corps-de-garde et des logemens des invalides.

Bientôt les chaînes du pont-levis sont brisées, et, malgré le feu des assiégés qui redouble, la première cour est envahie. La vue des morts exaspère le peuple. Après un combat long et meurtrier, les logemens du gouverneur sont incendiés, et les citoyens aguerris montent de toutes parts sur les toits et dans les chambres. Les invalides qui composaient la garnison sont presque tous mis à mort, le deuxième pont-levis est brisé à coups de canon. Des femmes, des enfans, secondent les assaillans de tous leurs efforts ; on les voit, après les décharges de l'artillerie royale, courir sur les projectiles encore chauds, et les rapporter aux Parisiens, dont les munitions vont manquer.

Un moment s'écoule, et tout-à-coup, maîtres de la forteresse, les Parisiens l'envahissent de tous côtés, ayant à leur tête Élie, Hullin, Maillard et Arné. Ce dernier arrête le gouverneur, le livre à la foule qui l'entraîne, et lui tranche la tête. Les restes de la garnison implorent la clémence des vainqueurs, et sont épargnés. Tel est le sommaire du 14 juillet 1789.

Le lendemain, les électeurs ordonnèrent la démolition de la

Bastille. Cette opération, à laquelle furent constamment employés près de mille ouvriers, aidés d'un grand nombre de citoyens, dura plusieurs mois. Le général Lafayette envoya, comme un présent, à Washington, une des clefs des grandes portes de cette prison ; et après la ruine de l'édifice, l'emplacement fut le théâtre de scènes populaires et de réjouissances publiques. L'inscription suivante était tracée sur les débris : *Ici l'on danse*. Quelque temps après, on fit construire, avec des pierres de la Bastille, quatre-vingt-trois modèles de cette forteresse, qui furent envoyés dans chaque département. Sous le règne de Napoléon, et pendant les quinze années de la Restauration, la plupart de ces morceaux d'architecture si curieux furent détruits; néanmoins quelques uns subsistent encore : nous en avons vu un au Musée de Grenoble; caché depuis la République, il a reparu, par les soins des administrateurs, après la révolution de 1830.

La poésie française, bien que sollicitée par un si grand événement, fut stérile à célébrer le 14 juillet. Le républicain Alfiéri chanta la victoire populaire dans une ode italienne digne du sujet. Du fer qui scellait les murailles de la prison on fondit des médailles patriotiques ; sur les pierres arrachées des fondemens, on grava le nom des vainqueurs. Le luxe et la mode s'emparèrent de ces débris, et l'on en vit des fragmens enrichis d'or, étincelans de pierres précieuses, orner le cou des femmes, dont la beauté, les talens, l'esprit ou les opinions attiraient alors les regards. Madame de Genlis portait à son cou un des plus riches entre tous ces médaillons de circonstance.

Voir, pour de plus amples détails, les Mémoires de Linguet et de Dussault, recueillis par M. Berville, et le curieux ouvrage qui a pour titre : *La Bastille dévoilée*.

NOTES.

[6] « Silence! écoutez tous Camille Desmoulins! »

Un des caractères les plus fortement tracés et les plus enthousiastes que présente notre histoire, depuis 1789, c'est sans doute celui de Camille Desmoulins. Jeune et ardent patriote, à l'aurore de la révolution, il en embrassa avec ivresse tous les principes et toutes les conséquences. Ses écrits respirent une conviction et un entraînement qui étaient dans son ame. Un des promoteurs de l'insurrection glorieuse du 14 juillet, il était à la tête des attroupemens qui, le 17 juillet 1791, au Champ-de-Mars, signèrent sur l'autel de la patrie la pétition qui demandait la déchéance de Louis XVI. Membre de la Convention nationale, il vota la mort du roi sans appel et sans sursis. En 1794, il rédigea *le Vieux Cordelier*, œuvre digne de Suétone et de Tacite, mais qui témoignait à chaque page du désir qu'il avait de s'arrêter dans la marche de la révolution. Ce pas en arrière lui coûta la vie. Traduit devant le tribunal révolutionnaire, il fut condamné à mort et exécuté le 5 avril 1794. Sa jeune épouse le suivit de près à l'échafaud.

[7] « . . . . La cocarde de feuille. »

La première cocarde patriotique était verte; elle consistait en une feuille d'arbre. On lit à ce sujet, dans *le Vieux Cordelier*, où Camille Desmoulins raconte la journée du 13 juillet 1789, le passage suivant :

« J'avais les larmes aux yeux, et je parlais avec une action que
« je ne pourrais ni retrouver ni peindre. Ma motion fut reçue avec
« des applaudissemens infinis. Je continuai : — Quelles couleurs
« voulez-vous? — Quelqu'un s'écria : Choisissez. — Voulez-vous le
« vert, couleur de l'espérance, ou le bleu de Cincinnatus, em-

« blème de la liberté d'Amérique et de la démocratie? Des voix
« s'élevèrent : — Le vert, couleur de l'espérance! — Alors je m'é-
« criai : Amis, le signal est donné, etc. »

Le lendemain le peuple abandonna la couleur verte (livrée du comte d'Artois), et prit la cocarde rouge et bleue (blason de Paris). Depuis, la couleur blanche fut ajoutée aux deux autres.

INTRODUCTION
A LA TROISIÈME JOURNÉE.

La prise de la Bastille porta ses fruits. Les princes, les courtisans, les principaux seigneurs s'éloignèrent précipitamment de Paris, et se retirèrent au-delà des frontières. Ainsi commença cette coupable émigration qui devait durer vingt-cinq ans; les fugitifs allaient solliciter pendant toute une génération les armes de l'Europe contre la France révolutionnaire, jusqu'au jour où douze cent mille baïonnettes, précédées de la trahison, devaient ramener leurs débris au sein d'une patrie qu'ils avaient répudiée.

La nuit du 4 août 1789 acheva la victoire du 14 juillet. L'Assemblée nationale abolit, d'enthousiasme, et par acclamation, droits féodaux, justices seigneuriales, privilèges, dîmes, redevances, et vénalité des charges; elle déclara tous les Français égaux devant la loi, et admissibles à tous les emplois.

La déclaration des droits de l'homme et la liberté religieuse furent ensuite décrétées.

Mais une dynastie de treize siècles, une fois croupie dans le despotisme, ne se résigne pas à mourir sans défense sous le pied du peuple : Louis XVI, qui ne pouvait croire que la liberté fût légitime, la reine, autrichienne de cœur et de naissance, la Cour enfin, inhabile à sentir sa faiblesse, une fois revenus du premier étourdissement, commencèrent à agir d'abord sans bruit, puis tête levée, pour le rétablissement de l'ancien régime et le renversement du nouveau, alors de si fraîche date.

La capitale cessa d'être approvisionnée : le ministère essayait de faire craindre aux Parisiens les suites de la liberté. Versailles fut cerné de troupes, et l'Assemblée constituante placée sous la haute main du pouvoir royal.

C'est encore à l'insurrection populaire qu'il était réservé de sauver la liberté naissante; elle connut sa mission, et sut l'accomplir.

TROISIÈME
JOURNÉE.

5 ET 6 OCTOBRE
1789.

LE PEUPLE A VERSAILLES.

> Paris a reconquis son roi.
> (*Paroles de Bailly.*)

Quand les palais des rois vont crouler sous la cendre,
Qu'importe aux courtisans les clameurs de Cassandre!
Que leur font ces avis, tonnerres éloquens
Qui révèlent un sol où dorment les volcans!

Les hymnes des festins, les joyeuses cithares,
Couvrent le grondement qui sort des solfatares;
Sur un drap mortuaire on danse sans frissons.
Après quatre mille ans de terribles leçons,
Sous le brouillard de feu dont le dais l'enveloppe,
Voyez dans ses parfums s'endormir Parthénope :
Elle ne quitte point le Pausilippe aimé,
Le pin harmonieux sur ses laves semé,
Ses collines d'azur par l'oranger couvertes,
Son oreiller de rose et son lit d'algues vertes,
Sa coupe étincelante où tombe le raisin ;
Et puis elle frémit, quand le volcan voisin,
Las de lui révéler sa colère prochaine,
Ouvrant sa gueule rouge, en hurlant se déchaîne,
Et, dans le sol ouvert, partout ensevelit
Le calme Sibarite étendu sur son lit.

LE PEUPLE A VERSAILLES.

Oui, tant que l'homme heureux, à la tête frivole,
Verra son avenir dans le présent qui vole,
Tant qu'il ne prêtera que des organes sourds
Aux voix des siècles morts qui lui parlent toujours,
Qu'il n'accuse que lui, si la noire tempête
Le saisit ivre mort dans quelque nuit de fête ;
Ses yeux voilés d'orgueil auraient dû le prévoir :
Le passé qui conseille avait fait son devoir.

Les rois, surtout les rois ! ceux-là, dans tous les âges
Ont constamment fermé leur paupière aux présages ;
C'est encore aujourd'hui comme aux siècles premiers ;
Quand la foudre tombait sur les royaux cimiers,
Quand le poignard frappait un roi du Bas-Empire,
Sur le trône sanglant il en montait un pire,

Un, qui baissant les yeux sur un passé récent,

Dédaignait la leçon écrite avec du sang.

Tel va le monde : aussi la clameur des poëtes

Ne retentirait pas sur ces royales têtes,

Si le sort qui préside aux augustes malheurs

Ne frappait en tombant que les rois et les leurs;

Mais ce sang qui des Cours enregistre les fautes

Rejaillit et se fige aux têtes les moins hautes;

L'ouragan qui meurtrit le trône le plus beau

Va tourmenter le pauvre assis sur l'escabeau;

Et, bien qu'aux yeux de tous la chose soit notoire,

La main du courtisan qui trace leur histoire,

D'un coupable avéré contrainte à faire un choix,

Incrimine le peuple et disculpe les rois.

Il est temps que le peuple ait aussi son Plutarque :

Disculpons le sujet des fautes du monarque;

Qu'au poids réparateur de l'austère équité

Le salaire du crime enfin soit acquitté.

Certes! dès que le ciel, conseiller salutaire,

Des débris de huit tours couvre un arpent de terre,

Lorsque pour secouer un roi dans sa torpeur

Il transforme d'un coup la Bastille en vapeur,

Et qu'enivrant les tours, les palais et les dômes,

Il fait trembler le sol sous un tremblement d'hommes;

Alors, ouvrant les yeux vers le noir horizon,

Un roi doit accueillir la tardive raison:

Sa Cour, insoucieuse aux fentes du cratère,

Pour écouter l'orage un instant doit se taire,

Rendre la coupe pleine aux mains des échansons,

De l'historique voix méditer les leçons;

Car un seul jour de plus dans la coupable orgie

Agrandit le volcan sur sa base élargie,

Un seul jour de vertige et de dédain moqueur

Irrite jusqu'aux os tout un peuple vainqueur,

A la froide pitié prépare la victime,

Souléve la vengeance et la fait légitime.

Eh bien! non; quand le ciel en un langage clair

Écrirait l'avenir sur les pages de l'air,

Et que pour dissiper un vertige tenace

Il prendrait cette voix qui parle la menace,

Rois, reines, courtisans, sur l'abîme joyeux,

Du céleste écriteau détourneraient les yeux,

Pour ne les plus rouvrir qu'à cette suprême heure

Où du rouge billot la hache les effleure.

O démence! engourdis par vos larges repas,

Hébétés par l'orgueil, vous ne soupçonnez pas

LE PEUPLE A VERSAILLES.

Que le drame du peuple à peine au premier acte

Épouvante les airs d'un bruit de cataracte,

Et qu'on ne trouve plus une assez forte main

Pour dompter ce torrent qui se creuse un chemin ;

Oui, vous avez raison ; il faut qu'un palais rie,

Que l'insolente Cour danse à l'Orangerie ;

D'une chasse royale il faut jouir encor ;

Il faut jeter aux bois les sons légers du cor,

Et que Versaille entier, dans sa joyeuse allure,

Au vent des grandes eaux livre sa chevelure ;

Il faut railler le peuple, il est si faible ! Allons !

Que le bal de la nuit ébranle vos salons,

Que du parvis au toit le château s'illumine !

Paris n'a pas mangé, Paris meurt de famine,

C'est bien : chargez la table, avides courtisans,

Arrondissez autour vos visages luisans,

Buvez les vins sortis des royales vendanges,

Les vins dont s'inondaient Pompadour et Fontanges.

C'est bien, l'orgie est pleine ! Ils sont là par milliers

Tous ces nobles armés du fer des chevaliers ;

Sur la table, à leur tour, ils font leur jeu de paume,

Ils jurent à Louis de sauver son royaume, [1]

Leur délire s'exalte au nom de Fontenoi ;

Devant la France entière ils ouvrent le tournoi ;

Sublimes fanfarons, dans leur rage trompée,

Contre le peuple absent ils brandissent l'épée,

Et les dames au cintre assises sur les bancs

Font pleuvoir sur leurs fronts les fleurs et les rubans.

Non, ce n'est point assez pour cette nuit folâtre ;

Montrez, montrez l'idole à ce peuple idolâtre,

Que la royauté passe au milieu de ces rangs,

Quelle sème partout ses parfums enivrans,

LE PEUPLE A VERSAILLES.

Que de ses propres mains elle agite la braise :
Voici Louis ! voici la fille de Thérèse !
Comme pour rappeler de maternels destins,
Elle montre son fils aux nouveaux palatins,
Elle jette en passant ces paroles de flamme
Qui troublent la raison et s'attachent à l'ame;
Entremêlant sa voix à leurs bruyans accords,
Aux airs séditieux des flûtes et des cors,
La royale Circé subjugue les convives;
Anathème sur eux ! de leurs mains convulsives,
De leurs pieds insultans, sur le parquet vineux,
De la sainte cocarde ils salissent les nœuds;
Et nul front ne pâlit, et sur une colonne
Aucune main n'écrit l'arrêt de Babylone !
Point de prophéte noir qui de son bras divin
Renverse sous leurs yeux les amphores de vin !

Une voix du dehors seule attriste les ames,
Une nocturne voix, mais c'est la voix des femmes,
Êtres aux faibles mains qui viennent à grands cris
Leur demander un pain qu'on leur cache à Paris;
Que craindre d'elles? rien, rien; poursuivez l'orgie,
Sur la cire qui meurt rallumez la bougie;
Hautes dames de cour, fières sur vos plians,
Fermez, fermez l'oreille aux pauvres supplians;
Hommes d'armes, debout! que la balle extermine
Ces vassaux criminels qui parlent de famine,
Car la Cour a mangé; dragons de Bezenval,
Arrière les mutins, sabre en main, à cheval!

O terreur! les voici! les larges avenues
Se noircissent au loin de femmes demi-nues,

Aux obscènes haillons, aux visages meurtris;

Le tourbillon informe élancé de Paris

Déborde par Saint-Cloud, par la route de Sèvres;

Elles sont là, hurlant, la rage sur les lèvres,

Les yeux tout flamboyans d'une horrible lueur,

Tordant les poings souillés de fange et de sueur;

De la race de l'homme effroyables femelles,

Elles livrent aux yeux leurs bras et leurs mamelles,

Entre-choquent leurs cris, mêlent leurs rangs confus,

Au milieu des chevaux, des caissons, des affûts;

Sur ces groupes sans nom qui piétinent l'arène,

L'ardente Méricourt domine en souveraine;[2]

Debout sur un canon comme sur son pavois,

Elle exalte les rangs du geste et de la voix;

On distingue au milieu de ses sœurs de bataille

La blancheur de son teint et le fût de sa taille;

A sa mâle vigueur la grace n'a pas nui ;

Désormais, du boudoir fuyant le mol ennui,

Une lance à la main, la tête échevelée,

Elle marche aux périls comme Penthésilée ;

Nul homme assez hardi, piéton ou cavalier,

Ne jouterait contre elle en combat singulier ;

Le sabre et le fusil pendent à ses épaules :

On croirait voir passer la prêtresse des Gaules ;

C'est la Pythie en feu, qui sur ce noir essaim

Souffle le dieu caché qui suffoque son sein.

Là, s'agitaient aussi dans la horde androgyne

Ces chefs puissans d'audace et larges de poitrine,

Qui toujours, quand sonna l'heure d'un grand péril,

Trouvèrent sous la main la pique ou le fusil :

Hullin, qui le premier sous la cocarde verte [3]

Bondit d'un pied vainqueur dans la Bastille ouverte,

Et Maillard que juillet compte dans ses héros[4],

Que septembre inscrira dans les noms des bourreaux;

Et tous ces hommes forts, aux sinistres colères,

Dans les jours de vengeance étendards populaires.

Comme on voit ruisseler les laves d'un volcan,

Comme les flots d'un fleuve, ainsi marche ce camp;

Le canon pour escorte et le tambour en tête,

Paris vient cette fois présenter sa requête.

Maintenant, ô Versaille! il est temps de frémir;

Dans cette longue nuit garde-toi de dormir;

Hâtez-vous, défenseurs de l'auguste famille,

Voilà les assiégeans : fermez, fermez la grille;

Silence! cachez-vous sous vos larges vitraux;

L'ours a flairé sa proie à travers les barreaux,

Sur les flancs du château qui palpite de crainte,

L'immense bataillon resserre son étreinte;

Il prélude à l'assaut par de sinistres jeux :

Le nocturne bivac étincelle de feux;

Au reflet des charbons attisés par les piques,

Les bacchantes en cercle entonnent leurs cantiques;

Elles tressent leurs mains, et d'un pied qui bondit

Passent en tournoyant sous le palais maudit.

Et voilà tout-à-coup qu'un vaste cri résonne :

Une issue est ouverte à l'armée amazone;

Tout ce peuple se rue au milieu des débris,

Son bras dévastateur mutile les lambris.

Nuit de deuil! pourras-tu dans tes sombres abîmes

Couvrir ce long recueil d'attentats anonymes,

Ce carnage fumant dans le royal séjour,

Ces cadavres jetés aux pavés de la cour,

Ces têtes qui la veille élégamment coiffées

S'élèvent sur des pieux en signe de trophées,

Et ce boucher hideux, ce Moloch rugissant,

Qui mange des chairs d'homme et se lave de sang?

Non, sur ce noir tableau le jour perçant doit luire,

Ce pontife du meurtre est là pour nous instruire;

Méditons bien ceci : dans ces graves momens

Où le ciel veut donner ses hauts enseignemens,

D'une main invisible il suscite et promène

Les grands exécuteurs de la justice humaine.

Là, dans ce noir chaos de tant d'hommes hideux

Apparut comme un spectre un homme inconnu d'eux;

D'où vient-il? on ne sait : quel est son nom? mystère :

Sa voix intérieure est un cri de panthère,

C'est la langue sans mots que parlent les démons,

Un râlement sorti des caverneux poumons;

Sa barbe, ses cheveux, couvrent ses traits obscènes;

Victimaire public dans ces bruyantes scènes,

Affamé du tribut que le peuple lui doit,

Dès qu'on traîne un captif il fait signe du doigt;

Tout imbibé du sang où sa fureur se vautre,

Quand son œuvre est finie il en demande une autre,

Et comme pour dresser d'effroyables festins,

Il dépèce en lambeaux de tièdes intestins.

Ah! sans interroger une source lointaine,

Qui donc expliquera ces prodiges de haine?

Ce prêtre de la mort qu'on n'a pu définir,

Cet *homme à longue barbe*, effroi du souvenir;⁵

Que savez-vous? peut-être une injuste sentence

Vingt ans dans les cachots broya son existence,

Peut-être qu'un seigneur de cette même Cour

Souilla son chaste hymen d'un impudique amour,

Ou que du Parc-aux-Cerfs une trame infernale

Emporta dans la nuit sa fille virginale.

Ah! ne condamnons point ces hommes délirans

Qui rendent des forfaits à des forfaits plus grands;

Le peuple, dans ce jour que vous nommez néfaste,

Soldait sur quelques uns les crimes de leur caste;

Non, ce lit parfumé de jasmin et de nard,

Ces odorans linceuls que perce le poignard,

Ce dôme de rideaux qu'ouvre la baïonnette,

Non, ce n'est pas le lit de Marie-Antoinette;

Le peuple est clairvoyant et n'est point oublieux,

Il connaît de tout point l'histoire de ces lieux;

C'est le lit où les rois par goût héréditaire

Transmettaient à leurs fils des leçons d'adultère;

C'est la secrète alcôve aux fétides parois,

C'est l'auge où se vautraient ces maîtresses de rois,

Qui, pour prix de leur danse au sortir d'une fête,

A l'Hérode chrétien demandaient une tête;

Qui ravissaient, la nuit, dans un embrassement,

L'ordre d'un homicide à leur royal amant,

Et de leur chair vendue honorant leur famille,

Rivaient par un baiser l'écrou de la Bastille.

Ainsi, quand sur les toits du criminel château

Le peuple de Paris tomba comme un marteau,

Ce fut justice : « Va, cours châtier Versailles, »

Lui criait une voix du fond de ses entrailles;

Un pouvoir inconnu le poussait en chemin :

Et quel homme assez ferme, en étendant la main,

En jetant sur les flots sa parole puissante,

Aurait pu refouler cette mer rugissante?

LE PEUPLE A VERSAILLES.

Un seul ; mais le génie ami des nations,

L'ange fort qui préside aux révolutions,

A ses sens engourdis cachant le vol des heures,

L'écarta cette nuit des royales demeures,

Et jusqu'au point du jour à paraître si long

Lafayette dormit sous un rideau de plomb. [6]

Silence ! il a paru : médiateur sublime,

Il suspend dans les cœurs la colère unanime.

Les dards ensanglantés se baissent devant lui ;

Sur un pacte sacré l'aube sereine a lui,

Elle étend sur le deuil une fête publique ;

Le monarque a compris la nocturne supplique,

Il n'est pas oublieux jusqu'au point de braver

Ces nouveaux courtisans venus à son lever ;

Il obéit : jamais ni Syphax ni Persée,

Contemplant à leurs pieds leur pourpre dispersée ;

Jamais ces grands captifs que le consul romain

Traînait après son char dans le poudreux chemin,

Ne portèrent au front tristesse plus fatale :

C'est donc ainsi qu'un roi marche à sa capitale!

O que la route est longue et que le char est lent!

Déplorable jouet d'un triomphe insolent,

Escorté de canons, de femmes attroupées,

De rameaux verdoyans et de têtes coupées,

Il arrive; ô douleur! que sont-ils devenus

Ces cris resplendissans, ces transports ingénus,

Qui naguère accueillaient sa fortune meilleure?

Hélas! il a compris qu'à dater de cette heure,

Ce Paris que son œil parcourt avec effroi

N'a plus qu'un roi, le peuple; un seul sujet, le roi.

NOTES

DE LA

TROISIÈME JOURNÉE.

NOTES

DU PEUPLE A VERSAILLES.

¹ « Ils jurent à Louis de sauver son royaume. »

C'est le 1ᵉʳ octobre, au moment où le pain manquait à Paris, qu'eut lieu le célèbre banquet offert par les gardes du corps aux chefs royalistes de la garnison de Versailles. Le local de la fête était la grande salle des spectacles, exclusivement destinée aux réjouissances officielles de la Cour. Le nombre des convives était immense. Le roi, suivi de la reine tenant le dauphin dans ses bras, semblait présider au festin. Au moment où la musique joua l'air connu : *O Richard, ô mon roi, l'univers t'abandonne !...* la scène prit un caractère décisif. On sonna la charge, on escalada les loges, la cocarde blanche fut arborée et les couleurs nationales foulées aux pieds. La même orgie avait lieu dans les galeries du château, où les dames de la Cour prodiguaient aux chevaleresques officiers les félicitations, les rubans et les cocardes.

Les mêmes scènes se renouvelèrent le 3 octobre.

² « L'ardente Méricourt domine en souveraine. »

THÉROIGNE DE MÉRICOURT, amazone célèbre, qui joua souvent un grand rôle dans la première période de la révolution. Fille d'un cultivateur, aux environs de Liège, elle vint de bonne heure à Paris, où sa beauté séduisit plusieurs personnages marquans de l'époque. Loin de repousser leurs tentatives, elle les ruina par ses folies et son faste.

Née avec une ame ardente et impressionnable, elle se livra avec ivresse au mouvement populaire de 1789. Vêtue en amazone et coiffée d'un chapeau à la Henri IV, elle allait se mêler aux rassemblemens qui occupaient sans cesse les galeries ou les avenues de l'Assemblée nationale. Vouée tout entière à la crise politique, elle repoussa toutes les provocations avec une sévérité de mœurs qui la rendait encore plus originale. Le soir elle réunissait chez elle une espèce de club où assistaient quelques constituans. Les auteurs du journal *Les Actes des Apôtres* s'amusaient souvent aux dépens de Théroigne, et lui donnèrent pour amant le député *Populus*. Théroigne joua un rôle très actif dans la nuit du 5 au 6 octobre. Ce fut elle qui pérora le régiment de Flandre, et détermina nombre de soldats à abandonner la cause royaliste. Ayant recueilli dans quelques uns de nos poëtes, les vers qui pouvaient le plus contribuer à exalter les esprits, elle en avait meublé sa mémoire, et elle les débitait avec emphase dans son jargon moitié flamand, moitié français. Elle fut arrêtée, en 1791, dans les Pays-Bas, et conduite à Vienne, où elle fut détenue pendant un an. L'empereur Léopold fut curieux de converser avec elle, et à la suite d'une entrevue lui rendit la liberté. De retour à Paris, elle prit une part active aux troubles du 10 août, et fit massacrer Suleau, journaliste qui l'avait souvent attaquée dans ses feuilles.

Après le 10 août Théroigne adopta les idées des Orléanistes, et fut fouettée publiquement aux Tuileries. Quelque temps s'écoula, et elle devint folle. Détenue d'abord dans une maison du faubourg Saint-Marceau, ensuite à la Salpêtrière, elle vécut vingt-trois ans dans l'état de démence et d'abrutissement le plus complet, ne se plaisant que dans la fange, et ne recherchant, comme les animaux immondes, que les alimens les plus dégoûtans. Elle mourut en 1817. Malgré sa cruelle position, elle avait conservé de grands restes de beauté; ses pieds et ses mains étaient d'une perfection remarquable.

3 « Hullin, qui le premier....... »

HULLIN (PIERRE-AUGUSTE), général de division, comte, etc., né à Genève en 1758, de parens pauvres, fut successivement ouvrier en horlogerie, et chasseur au service du marquis de Conflans. Dans la journée du 14 juillet 1789, Hullin se distingua entre tous les vainqueurs de la Bastille. Le premier il s'élança dans la forteresse. Emprisonné sous la terreur, il fut rendu à la liberté par le 9 thermidor. Le général Bonaparte l'employa à l'armée d'Italie, où il se distingua glorieusement. Hullin commanda le château de Milan en 1797 et en 1798, et l'année suivante concourut à la défense de Gênes.

Après la bataille de Marengo, Hullin fut promu au grade de général de division et de commandant des grenadiers de la garde consulaire. Ce fut lui qui, le 21 mars 1804, présidait le conseil de guerre de Vincennes qui condamna à mort le duc d'Enghien. Le général Hullin se couvrit de gloire dans les campagnes d'Austerlitz et d'Iéna. Pendant la guerre de Russie, au mois d'octobre 1812, il commandait la division militaire de Paris, et fut blessé par le général Mallet, qui crut un moment avoir renversé le gouvernement de Napoléon. En 1814, Hullin accompagna Marie-Louise à Blois, fut destitué de son commandement par les Bourbons, réintégré durant les cent-jours, et exilé après la seconde Restauration. Rentré en France, il a vécu dans la retraite.

4 « Et Maillard que juillet compte dans ses héros. »

Maillard était en 1789 huissier au Châtelet. Il se fit remarquer par son audace à l'attaque de la Bastille. Le 5 octobre suivant il battit le tambour, rassembla les femmes, et marcha à leur tête sur Versailles. Ce fut lui qui présida la terrible commission populaire qui, durant les jours de septembre 1792, organisa les massacres de l'Abbaye. Il figura ensuite, dit une biographie, parmi les dénonciateurs des prisons, contribua au mouvement sanglant de 93, fut décrété d'arrestation, remis en liberté, et nommé agent du Comité de sûreté générale. Il mourut dans la misère.

5 « Cet *homme à longue barbe*........ »

La vie et le véritable nom de cet homme furent quelque temps enveloppés de mystère. Les uns affirmaient l'avoir reconnu pour ce même dragon qui, quelques mois auparavant, arracha le cœur de Foulon, et le jeta tout saignant sur le bureau de l'Hôtel-de-Ville; d'autres crurent retrouver en lui un malheureux, nommé Nicolas, qui gagnait sa vie à l'aide de sa barbe, en posant dans les ateliers. Toutes les dépositions faites au Châtelet lors de l'enquête sur les 5 et 6 octobre le désignent simplement sous le nom de l'*Homme à la longue barbe*. Aujourd'hui il ne reste plus d'incertitude sur la biographie de ce terrible personnage.

JOURDAN (MATTHIEU JOUVE), surnommé *Coupe-tête*, naquit en

1749 à Saint-Just, près le Puy en Velay. Sous le nom de *Petit*, en 1789, il coupa plusieurs têtes condamnées par la populace. Ce fut lui qui massacra Deshuttes et Varicourt, gardes du corps, qui, le 6 octobre, se dévouèrent pour le salut de la reine. Il portait alors une longue barbe, ce qui le fit confondre pendant quelque temps avec un autre homme également barbu, qui fut accusé de ces meurtres. Jourdan Coupe-tête fut s'établir à Avignon, et à la tête d'une bande d'égorgeurs, qui s'appelait elle-même corps des *braves brigands*, il pilla et assassina dans le département de Vaucluse. C'est lui qui présida aux massacres de la *Glacière*. Le Comtat était alors en proie à deux partis, l'un papiste, l'autre révolutionnaire, tous les deux organisant l'incendie et la guerre civile. Jourdan continua, amnistié par la Législative, le cours de ses exécutions, et remplit d'horreur Marseille et le Midi. Enfin le Comité de salut public, en mai 1794, décréta d'arrestation cet homme sanguinaire, qui fut condamné à mort, et subit le supplice dû à ses crimes.

[6] « Lafayette dormit sous un rideau de plomb. »

Après avoir pris, le soir du 5 octobre, toutes les dispositions nécessaires pour sauver Louis XVI et sa famille des suites d'un mouvement qu'il n'avait pu empêcher, malgré ses efforts, et voyant Versailles plus calme, Lafayette fut se livrer à un sommeil nécessaire, que les royalistes ont eu la mauvaise foi de lui reprocher. Aussitôt que le général de la garde parisienne fut réveillé par les massacres du 6, il se leva précipitamment, et vint calmer le peuple et sauver le roi.

QUATRIÈME
JOURNÉE.

INTRODUCTION

A LA QUATRIÈME JOURNÉE.

Il appartient à l'histoire, plus rigoureuse que la poésie, d'enregistrer tous les graves évènemens de notre révolution. Elle n'a pas le droit de resserrer son répertoire, d'élaguer des détails arides, de choisir çà et là quelques épisodes; ainsi dans cette période de trois années depuis les journées de Versailles jusqu'au 20 juin 1792, elle aura à énumérer les immenses travaux de l'Assemblée constituante, la vente des biens du clergé, la division de la France en 83 départemens, la suppression de la noblesse et des ordres de chevalerie, la constitution de 1791 promulguée et acceptée par le roi, etc., etc. Mais le poëte qui ne veut pas être un gazetier a le privilége d'accepter ou de rejeter tel ou tel événement; ses inspirations sont indépendantes; il laisse à l'historien sa consciencieuse exactitude, et, dans cette immense table de chapitres, il ne recueille que des sujets pour ses chants lyriques ou ses épopées. Ici, nous devons le dire, les faits sont presque tous merveilleux, les *journées* toutes grandes de poésie. Il était difficile d'arrêter un choix entre tant de mémorables pages; la mort de Mirabeau, les fêtes du Panthéon, la fédération du 14 juillet, l'évasion de la famille royale, et la tumultueuse pétition au Champ-de-Mars dispersée par le drapeau rouge : il y a là profusion de drames; tous ces sommaires sont électriques, toutes ces dates font vibrer de hauts souvenirs; le poëte se trouva embarrassé au milieu de cette éblouissante chronologie.

Mais, commandé par les bornes de cet ouvrage, il crut devoir s'arrêter à l'insurrection du 20 juin, imposante préface du 10 août.

Les influences de Dumouriez venaient de faire renvoyer du ministère trois ministres alors populaires, Roland, Clavières et Servan. Cette imprudence du parti de la Cour fut vivement ressentie par les Girondins, qui saisirent l'occasion que leur offrait le roi d'entrer avec ce dernier dans une lutte où la victoire leur était d'avance assurée.

D'autres fautes du roi exaspéraient encore le peuple : ce prince, à l'instigation de Lafayette, avait apposé son *veto* sur le décret qui ordonnait la formation d'un camp de 20,000 hommes, et sur le décret qui punissait de la déportation les prêtres rebelles. Toutes ces causes précipitaient d'inévitables événemens.

Aujourd'hui dégradé de son ancien prestige,

Sa tête va bondir de vertige en vertige,

Jusqu'au jour où changeant cette pourpre en linceul,

Sur son dernier théâtre il comparaîtra seul.

C'est encore un vingt juin ! sous les soleils torrides [1]

Ce jour ouvrit l'histoire à nos éphémérides ;

Date retentissante à l'oreille des rois,

Elle étincelle encor pour la troisième fois.

L'ouragan est sorti des flancs de la Gironde ; [2]

Comme une forge en feu la ville entière gronde,

Non ce lâche Paris, boudoir de citadins,

Cet enclos de bazars, de palais, de jardins,

Non ce ventre à chair molle engourdi de paresse,

Cet amas corrompu d'intestins et de graisse ;

Mais Paris des faubourgs Saint-Antoine et Marceau,

De nerfs et de tendons électrique faisceau,

Arsenal d'hommes forts qui, d'une main durcie,

Exercent en suant la tenaille et la scie;

Qui, dès que le tocsin frissonne aux ateliers,

S'élancent en trois bonds aux royaux escaliers,

Et frappent, mieux que nous faibles hommes de plume

Sur un trône de roi comme sur une enclume.

Ce Paris s'est levé de toute sa hauteur,

Farouche, menaçant comme un gladiateur

Qui de son large orteil presse une terre libre

Et fixe un œil ardent sur sa chaîne qui vibre.

Débordés à-la-fois par un double chemin,

Ces fraternels faubourgs se sont serré la main;

20 JUIN
1792.

LE PEUPLE AUX TUILERIES.

> Apparet domus intus, et atria longa patescunt ;
> Apparent Priami et veterum penetralia regum.
> (*Virgile.*)

L'idole monarchique a perdu son vieux culte ;

C'est le vingt juin ! le jour de la sublime insulte,

Où le peuple, étendu sur les fauteuils royaux,

De sa calleuse main touche les saints joyaux ;

Où l'homme du faubourg plonge ses yeux avides

Dans l'espace profond des appartemens vides ;

Où le roi de la rue et le roi du château

Sur la table des dés vont jouer leur manteau :

C'est le dernier moment des pompes souveraines,

Le dernier jour de roi du captif de Varennes.

L'incorrigible orgueil a feint de ne pas voir

Le tourbillon rapace où nage le pouvoir ;

En vain, par des complots, par des trames ourdies

Il a cru retarder l'heure des tragédies,

L'œuvre marche à sa fin ; soyez, soyez contens,

Diplomates de Cour, conseillers impotens ;

Vous avez voulu voir une pourpre avilie,

Eh bien ! Louis boira l'affront jusqu'à la lie ;

Vous seuls avez creusé de vos perfides mains

L'ornière qui le pousse à de sanglans chemins ;

Un de ceux qu'en tout temps, pour dominer la foule,

Le prévoyant destin fond dans un large moule ;

Ses âpres compagnons n'obéissent qu'à lui ;

Sous les feux du soleil son long sabre a relui,

C'est l'heure du départ : les informes recrues

Ruissellent comme un fleuve encaissé dans les rues ;

Tous les bras sont levés, tous les fronts sont couverts

D'épis de la moisson, de fleurs, de rameaux verts ;

Le sol palpite au loin sous ce peuple qui passe,

L'éclatant *Ça-ira* resplendit dans l'espace ;

En guise de drapeau mille mains ont porté

L'arbre qui prend racine avec la liberté ; [4]

D'autres sur deux canons traînent LES DROITS DE L'HOMME,

Ces tables de la loi de la nouvelle Rome ;

Décalogue éternel que le doigt souverain

Marqua sur un feuillet bien plus dur que l'airain.

Par-tout, sur le chemin qui méne aux Tuileries,

Marseille a déployé ses riches théories,

Ses fêtes de la mer, ses parfums d'Orient,

Et la sainte révolte a pris un air riant.

Ce sont eux : écoutez leurs sonores syllabes :

Ce sont les fils des Grecs, des Romains, des Arabes,

Les fils de la mer chaude et des brûlans climats,

Ceux qui montent d'un saut à la pointe des mâts,

Qui de chaque cheveu dardent une étincelle,

Qui lavent dans la mer leur sueur qui ruisselle ;

Seul peuple de nos jours qui garde dans ses yeux

L'éclair indépendant de ses premiers aïeux.

Sur les bonds convulsifs des enfans de Phocée

La noire multitude au château s'est poussée ; [5]

Une immense clameur assiége le palais,

Remplit le Carrousel, et l'hymne marseillais

Hardis représentans de la grande famille,

Ils inondent le sol où tomba la Bastille :

Cette place qui fume encor depuis trois ans

Résonne sous les pieds des soldats artisans ;

Le tumulte préside à leurs rangs énergiques :

Ce ne sont point ici ces pivots stratégiques,

Ces roides mannequins, automates des rois,

Ces soldats bien vêtus, bien alignés, bien droits,

Dont les pieds compassés s'avancent en bataille

Comme un soubassement d'une longue muraille ;

Leurs confus pelotons se heurtent en tous sens ;

Ils brandissent des faulx, des haches, des croissans :

Habillés à la hâte ou demi-nus, qu'importe ?

Pour forcer une grille ou briser une porte,

Pour broyer à ses pieds de pâles bataillons,

La vengeance convoque une armée en haillons.

Quand au palais des rois le peuple rend visite,

Quand à leur table d'or, superbe parasite,

Poussé par un outrage il vient s'asseoir enfin,

Sa grande gueule ouverte en leur disant : J'ai faim ;

Aux pointes des fusils présentant sa requête,

C'est alors qu'il revêt son habit d'étiquette,

Et que pour accomplir un dessein médité

Il se présente en Cour beau de sa nudité.

Voyez-les, cette fois, dans leur cynique allure :

Le bonnet phrygien presse leur chevelure ;

Ils ont improvisé, par d'unanimes vœux,

Des chefs aux seins velus, aux bras noirs et nerveux,

Dont la voix retentit comme un clairon de guerre ;

Et comme chef unique ils ont élu Santerre : [3]

C'est le roi des faubourgs, c'est leur Agamemnon,

Un de ceux dont le peuple idolâtre le nom,

Ces prêtres conseillers, ces nobles fanfarons,

Ces eunuques titrés, aux luisans éperons,

Jurent d'abattre encor le peuple qui se lève,

Et leur main qui jura laisse tomber le glaive.

A peine, sur les cours, quelques hardis valets

Ferment à deux battans les portes du palais;

La hache qui surgit du faisceau populaire

A déja tout broyé comme l'épi sur l'aire,

Le chêne qui défend les larges escaliers,

Et les gonds cramponnés au marbre des piliers,

Et la grille de fer dressée au vestibule;

De rempart en rempart l'étiquette recule;

Par un dernier effort, sous un panneau de bois,

Elle veut abriter le monarque aux abois;

Que faites-vous? huissiers! qu'on ouvre en confiance!

La bouche d'un canon vous demande audience; [8]

Jamais un orateur marchant sur des affûts

A la porte des rois n'éprouva des refus.

Place donc! faites place à cette immense trombe!

Bien! tout est envahi, le dernier rideau tombe;

Le palais de Priam ouvre ses profondeurs:

Aux Pyrrhus des faubourgs, aux noirs ambassadeurs,

Apparaissent au loin d'immenses galeries,

Les secrets reposoirs des saintes Tuileries;

Ces calmes corridors où, pour faire trois pas,

L'étiquette jalouse apportait son compas;

Ces lambris d'où descend une fraîche tenture

Que ne souilla jamais un parfum de roture:

Oh! tout est profané! sous ces augustes toits,

Marseille a déchaîné son tonnerre patois;

La pointe des fusils froisse les girandoles;

Ces fauteuils où la Cour encensait ses idoles

Gronde avec ses refrains sous la sublime voûte
Où, l'œil terne de peur, la Cour muette écoute.

Et cependant, que fait le fantôme de roi ?
Que sent-il en son cœur ? le courage ou l'effroi ?
Rien ; nous hommes du peuple, ignorans que nous sommes,
Nous supposons aux rois le sang des autres hommes,
Nous plaçons dans leur sein, par un calcul trompeur, ⁶
Des phases d'héroïsme et des phases de peur ;
Eh bien, non ; l'air des Cours, l'atmosphère gothique
Ont si bien endurci leur fibre lymphatique,
Qu'ils conservent toujours la fraîcheur de leur teint ;
Tout, jusqu'à l'égoïsme, en leur ame s'éteint ;
Aussi, dans ces grands chocs que leur palais voit naître,
Quand la voix des faubourgs gronde sous leur fenêtre,

Ils ont ce calme plat et ce courage faux

Qui provoquent le peuple et font les échafauds.

En ce moment de deuil le monarque docile

Pour lancer un *veto* convoquait son concile,

Sans craindre que jamais dans ce pompeux salon

La hautaine révolte imprimât son talon ;

Il avait près de lui, pour garde et pour escorte,

Quelques vieux courtisans d'une majesté morte,

Quelques prêtres vêtus de blancs habits de lin,

Qui de la monarchie assistaient le déclin ;

Tous ces nains machinaient une œuvre colossale,

Ils tressaient un cordon pour la France vassale,

Et, martyrs imposteurs du trône et de l'autel,

A l'insolente plèbe ils jetaient le cartel.

O pitié ! même à l'heure où ce peuple qu'on raille

Investit de ses bras leur dernière muraille,

LE PEUPLE AUX TUILERIES. 113

S'affaissent sous le poids de ces conquérans lourds ;

Des pieds noirs et fangeux marchent sur le velours.

Non, l'histoire d'un peuple, en ses vieilles annales,

Ne déroula jamais de telles saturnales :

Ils agitent les dards, les piques, les couteaux,

Les drapeaux de haillons, les grossiers écriteaux ;

Ils tiraillent ce roi sans culte et sans couronne ;

Comme un cercle étouffant, ce peuple l'environne :

A l'angle du salon, debout sur un fauteuil, [9]

Louis sur ses sujets jette un calme coup d'œil,

Met la main sur son cœur, et la foule lui crie :

Plus de *veto !* choisis Coblentz ou la patrie !

De hideux orateurs aux sauvages accens

Hurlent autour de lui des conseils menaçans,

Mêlent des cris de rage aux saccades du rire.

A bas les noms de roi, de majesté, de sire !

On l'appelle *monsieur;* un grotesque échanson [10]

Porte jusqu'à sa bouche une horrible boisson ;

Puis d'un usage antique ils font le simulacre :

« S'il est roi, dit Legendre, il est temps qu'on le sacre; [1]

« J'ai sa couronne prête ; » et son bras effronté

Du bonnet jacobin coiffe la royauté;

Louis roi des Français, le peuple te salue !

Voilà la royauté telle qu'il l'a voulue !

C'est assez pour un jour : de ce sol calciné

Le débile roseau n'est pas déraciné ;

Quelques panneaux brisés, quelques grilles tordues,

Les rauques voix du peuple au palais entendues,

La royauté traînée à son dernier gradin :

Voilà tout ce qu'a pu le souffle girondin;

Pour amener ce choc, que la mort accompagne,

Il faut que l'ouragan sorte de la Montagne.

Va donc, ne vide pas sur ce palais ami

Ta coupe de colère épanchée à demi;

Va, peuple confiant, qu'une voix douce enchaîne, ¹²

Mets au front de ton roi la couronne de chêne,

Brise dans ton remords tes orageux tambours,

Émousse sur le sol la pique des faubourgs;

Louis, instruit enfin, par ce jour d'audience,

Rompt avec son clergé tout pacte d'alliance;

Sa parole est sacrée, il te l'a bien promis,

Ses amis de Coblentz seront ses ennemis,

La sainte liberté va devenir son culte;

Ceux qui dans le château, par une trame occulte,

D'un sinistre avenir entretiennent l'espoir,

Vers un sol étranger s'exileront ce soir.

Mensonge! trahison! les rois de sacristie
Savent l'art d'obtenir quelques jours d'amnistie;
Réveillés en sursaut par la rébellion,
Leur hypocrite main assoupit le lion;
Celui-ci, dépensant quelques mesquines ruses,
Un moment à la vague impose des écluses;
Mais le peuple lui garde un terrible retour,
Il reviendra finir l'ébauche de ce jour,
Et jeter sur le sol, dans une lutte prompte,
Ce front découronné qui sua tant de honte;
Pour subir un tel maître il a trop de fierté;
On pardonne le crime et non la lâcheté:
Un roi qui du balcon sur la publique place
Voit vers ses corridors marcher la populace,
Et ne sait pas trouver dans un recoin du cœur
Un héroïque élan d'une mâle vigueur,

Et ne sait pas mourir avec ses domestiques
Sur le champ de bataille ouvert sous ses portiques,
Et défendre sa tour où sonne le beffroi,
Et clouer à son front sa couronne de roi,
Et ne dérouille pas, pour jeter l'épouvante,
Le fer de tant d'aïeux dont toujours il se vante;
Qui, pour se ménager un douteux lendemain,
Répudie en son cœur le serment de sa main :
Celui-là peut tomber la tête sur la pierre
Sans que larme de deuil humecte une paupière,
Sans qu'un cri de douleur, de pitié, de remord,
Éclate dans la ville où l'on dit : Il est mort.
Qui se laisse avilir se fait ses agonies,
Contre lui tout est juste; à lui les gémonies,
A lui les sombres jours où le peuple bravé
Dépèce une couronne assis sur un pavé !

Le peuple a toujours droit; en vain on l'incrimine!

Ce n'est que lentement qu'il prépare la mine,

Qu'il creuse dans ce roc, sulfureux piédestal.

Où les rois sont debout jusqu'au moment fatal;

Il n'est jamais pressé de punir; que d'années

Il lui faut pour saisir des têtes condamnées!

Avant de foudroyer un roi dans son palais

Il fait luire quatre ans l'éclair sous ses volets;

Ses avis sont fréquens et sa menace est lente;

Enfin pour écraser une Cour insolente,

Au plus grand désespoir le peuple se résout:

Son vingt juin méprisé fait jaillir le dix août.

NOTES

DE LA

QUATRIÈME JOURNÉE.

NOTES

DU PEUPLE AUX TUILERIES.

[1] « C'est encore un vingt juin........ »

A voir la fatalité qui s'attache à quelques dates et à certains anniversaires, on dirait que les monarchies modernes, comme la vieille Rome, subissent l'influence de jours néfastes. Pour la royauté de Louis XVI, le 20 juin devait être une époque d'évènemens et de deuils périodiques. En effet, ce jour en 1789 se fait célèbre par le serment du jeu de paume cette grande préface de la révolution. Depuis lors, le 20 juin 1791, le roi et la famille royale s'échappent, à la faveur de la nuit, du château des Tuileries, pour fuir à l'étranger; tentative coupable qui fut déjouée à Varennes, d'où le roi fut ramené prisonnier à travers les imprécations de la multitude. Enfin c'est le 20 juin 1792 que le peuple, maître des Tuileries, surprend pour la première fois une dynastie dans un salon, et déchire le velours qui recouvrait les planches de son trône.

[2] « L'ouragan est sorti des flancs de la Gironde. »

La journée du 20 juin 1792 est tout entière l'œuvre de cette célèbre Gironde dont la destruction remplira bientôt une page à ces poëmes. Le but des Girondins était moins de renverser que d'avilir la royauté, pour la tenir ensuite sous leur dépendance. Parvenir au ministère et s'emparer du gouvernement, c'était là leur arrière-pensée ; elle s'accomplit.

[3] » . . . . Ils ont élu Santerre. »

Santerre (Claude), brasseur de bière dans le faubourg Saint-Antoine, acquit, dès le commencement de la révolution, un grand ascendant sur les habitans de cette partie de la capitale, et se fit remarquer à la prise de la Bastille. Le 20 juin 1792 il commandait les rassemblemens du faubourg Saint-Antoine. Après le 10 août, journée au succès de laquelle il contribua puissamment, la Commune le nomma commandant de la garde nationale, et ce fut en cette qualité qu'il conduisit Louis XVI au Temple, et le 21 janvier suivant à l'échafaud. Nommé général d'une armée parisienne envoyée contre la Vendée, il fut défait par les royalistes. De retour à Paris, il y fut arrêté comme *Orléaniste,* et rendu à la liberté le 9 thermidor. Depuis lors, il a cessé de jouer un rôle important, et il est mort à Paris en 1808.

Santerre, comme presque tous les hommes marquans de notre révolution, est mort pauvre ; exproprié du vaste enclos du Temple sur lequel a été bâtie la Rotonde, il subsistait d'une modique pension qui lui avait été accordée par l'État. Un de ses fils vit aujourd'hui à Paris indigent et obscur. Ne serait-ce pas une justice que le gouvernement de 1830 récompensât dans leur génération ceux qui ont si puissamment secouru la révolution de 92 ?

[4] « En guise de drapeau mille mains ont porté
« L'arbre qui prend racine avec la liberté. »

La multitude suivit la rue Saint-Honoré jusqu'à la hauteur des

Tuileries, et se préparait à déboucher par la porte des Feuillans. A ce moment les groupes populaires, précédés par des hommes armés de haches, escortaient un immense peuplier couché sur une charrette ; c'était *l'arbre de la liberté.* Toute cette foule était sans armes. Les uns disaient qu'ils allaient planter cet arbre à la porte de l'Assemblée nationale, dans les bâtimens du Manége. (Aujourd'hui cet édifice et ses dépendances sont remplacés par les rues de Rivoli et Castiglione.) D'autres voulaient l'élever sur la terrasse des Tuileries, en face de la grande porte du château.

[5] « La noire multitude au château s'est poussée. »

Nous allons placer quelques détails historiques sur les évènemens du 20 juin. On comprendra sans peine comment, nécessaires pour développer le texte poétique, ils y eussent été déplacés.

Les attroupemens commencèrent à se former dans les faubourgs dès cinq heures du matin. Santerre, riche brasseur, s'était fait le chef du quartier Saint-Antoine ; les insurgés du faubourg Saint-Marceau avaient pour général le nommé Alexandre, chef d'un bataillon de la garde nationale. Nonobstant les arrêtés du directoire, à peine le jour commençait à poindre, que gardes civiques, invalides, piquiers, hommes sans armes, femmes, enfans, tout se réunit.

Les rassemblemens du faubourg Saint-Marceau s'avançaient avec un calme apparent, précédés de deux pièces de canon, et grossis d'un nombre considérable d'uniformes. Au faubourg Saint-Antoine l'insurrection paraissait encore plus menaçante ; des canonniers, des grenadiers, des commissaires de police revêtus de leur écharpe, étaient mêlés à la foule. Cette troupe d'environ quinze cents hommes se grossit considérablement dans le trajet du faubourg au passage des Feuillans. Le point du départ avait été à la place de la Bastille; les tables de la loi et plusieurs pièces de canon figuraient à l'avant-garde, et çà et là, dans toute la longueur du cortège, se faisaient remarquer des inscriptions significatives, telles que : *A bas le veto! La nation, la loi! Avis à Louis XVI!*

Ces citoyens d'états et de costumes divers, armés comme en juillet 1789 de ce qui était tombé sous leurs mains, marchaient dans un désordre formidable. Coiffés du bonnet rouge, et se tenant par la main, ils semblaient possédés tous d'une seule et grande pensée. En tête se faisaient remarquer les charbonniers et les forts de la Halle. Parmi les armes de toute espèce dont cette masse d'hommes était hérissée, on apercevait des piques, des scies, des haches, le tout entremêlé de rameaux verts, de bouquets de fleurs, et d'épis de blé.

Le cortège populaire défilait lentement aux acclamations des spectateurs. Enfin vers les deux heures il arriva dans la cour des Feuillans et demanda à défiler armé dans la salle des séances de l'Assemblée nationale. Alors une vive discussion s'éleva parmi les députés : les uns voulaient obtempérer au vœu du peuple, les autres citaient les textes des lois et des règlemens qui paraissaient s'y opposer. *Vingt mille hommes armés attendent votre décision,* dit un député républicain; *vingt millions de Français l'attendent aussi,* répliqua Ramond, député royaliste. Pendant qu'on délibérait encore, la foule, lasse d'attendre aux portes, envahit la salle et défile lentement. L'orateur des faubourgs, nommé Huguenin, prononça une adresse longue et diffuse, mais forte de menaces et d'imprécations contre la Cour. Elle invoquait le célèbre article des droits de l'homme, en vertu duquel se trouvait légalement consacré le plus saint des devoirs. Après la lecture, Santerre offrit un drapeau, et la députation sortit au bruit de l'air *Ça-ira*, traversa les Tuileries et se rendit au Carrousel. Cette place ainsi que celle de Louis XV ressemblaient à deux vastes camps.

[6] « Nous plaçons dans leur sein, par un calcul trompeur,
« Des phases d'héroïsme et des phases de peur. »

M. de Chateaubriand (ce témoignage n'est pas suspect) raconte naïvement, dans un de ses ouvrages, que Louis XVI étant à la chasse surprit sous un arbre un de ses vieux gentilshommes qui s'était endormi; le bon roi trouva plaisant de le réveiller en laissant tomber une grosse pierre sur la poitrine du vieillard; celui-ci se leva furieux, et reconnaissant le roi, il s'exhala en injures. Je savais bien, lui dit-il, que vous étiez le plus cruel, le plus barbare des hommes. Louis XVI, comme étonné qu'on eût pris ainsi la chose, se retira en grommelant cette phrase : *Aussi il se fâche*, il *se fâche*... L'excellent monarque ne pouvait concevoir qu'une pierre tombée sur l'estomac d'un vieillard endormi lui eût causé de la douleur.

[7] « Quelques prêtres vêtus de blancs habits de lin. »

Lorsque la foule pénétra dans le salon où se trouvait le roi, plusieurs prêtres habillés de blanc, qui entouraient Louis XVI, disparurent avec précipitation. Sans doute ils étaient venus là pour le remercier du *veto* royal, apposé au décret qui punissait les prêtres réfractaires.

8 « La bouche d'un canon vous demande audience. »

Quelques simulacres de résistance eurent lieu à la porte du château; on en ferma les portes. Cependant les gendarmes à cheval, au-dehors, livrèrent passage au peuple, qui entra comme un torrent. Les gardes nationaux et les autres amis du roi essayèrent bien de barricader les portes des premiers appartements, mais la présence d'un canon que les faubouriens montèrent sur leurs épaules leva tous les obstacles; la foule pénétra dans le palais.

9 « A l'angle du salon, debout sur un fauteuil. »

La scène qui se passa quand Louis XVI et le peuple furent en présence est aussi étrange qu'inouïe.

De la salle des Cent-Suisses où avait été traînée la pièce de canon, la colonne des faubourgs entra sans obstacle dans la seconde salle, et se trouva arrêtée à la porte de la troisième appelée *l'OEil-de-Bœuf*. Au premier coup de hache qui frappe cette porte, Louis XVI se résigne, ordonne de l'ouvrir, et crie *vive la nation* en agitant son chapeau. Le roi prit ensuite place sur une haute banquette, dans l'embrasure d'une fenêtre donnant sur la grande cour. Il était entouré de cinq ou six gardes nationaux. En un clin d'œil la vaste salle se remplit de peuple armé de faulx, de piques, de fourches et de bâtons garnis de couteaux.

Au milieu de tout ce tumulte et cet appareil étranges, les tables des droits de l'homme furent placées en face du roi; la foule se pressait autour de lui. *Sanctionnez les décrets,* lui criait-on; *rappelez les ministres patriotes ; chassez vos prêtres; choisissez entre Coblentz et Paris.* Le roi tendait la main aux uns, agitait son chapeau pour

NOTES. 127

satisfaire les autres; mais le désordre et le bruit ne permettaient pas de l'entendre.

[10] « ....Un grotesque échanson
« Porte jusqu'à sa bouche une horrible boisson. »

Un des faubouriens présenta au roi une bouteille, et Louis XVI but *à la santé de la nation*. La foule cria alors *le roi boit !* Les pointilleux amateurs d'histoire anecdotique ne sont pas d'accord sur le point de savoir si le roi but avec ou sans un gobelet. Une gravure de l'époque, que nous avons sous les yeux, le représente buvant à la bouteille même.

[11] « Legendre.......... »

Legendre, célèbre boucher, prit une part active aux scènes populaires de la révolution. Ce fut lui qui s'adressa au roi en lui disant : « *Monsieur...* oui, *monsieur*, écoutez nous; vous êtes un « perfide, vous nous avez trompés, vous nous trompez encore; « mais prenez garde à vous, etc. » Selon plusieurs traditions dignes de foi, ce fut ce même Legendre qui donna à Louis XVI le bonnet rouge dont ce prince fut obligé de se couvrir. Ce signe de la révolution servit au roi de sauvegarde, comme, durant la détention de Jean-le-Bon, le chaperon du prevôt des marchands, Marcel, sauva la vie du jeune dauphin, alors régent, et depuis Charles V. (*Froissard*, tome I.)

[12] « Va, peuple confiant,...... »

L'assemblée nationale, effrayée du danger que courait la vie du roi, lui envoya une députation. Les efforts de ces législateurs, joints à ceux de Jérôme Péthion, maire de Paris, et alors l'idole du peuple, ne contribuèrent pas peu à persuader aux faubouriens que leur journée était suffisamment remplie, et qu'ils n'avaient plus qu'à évacuer le château. La foule se retira en défilant devant la reine, les princesses, et le dauphin, grotesquement affublé d'un énorme bonnet rouge. Le maire s'évertuait à crier : « Le peuple « a fait ce qu'il devait faire. Parisiens, vous avez agi avec la fierté « et la dignité d'hommes libres. Mais en voilà assez; que chacun « se retire! » Et à dix heures du soir la foule s'était entièrement écoulée.

Ainsi se termina la journée du 20 juin ; la monarchie de Louis XVI agonisa bien encore jusqu'au 10 août, mais elle était véritablement morte du jour où elle avait été traînée dans la boue, et foulée par les sabots des deux faubourgs.

INTRODUCTION

A LA CINQUIÈME JOURNÉE.

Le 25 juillet 1792, le duc de Brunswick publia son fameux manifeste; il était daté de Coblentz, arsenal et foyer de l'émigration.

L'étranger, écrivant sous l'inspiration des Tuileries et de Coblentz, a déclaré, dans cet insolent manifeste, que Paris vaincu sera livré à une exécution militaire, et à une subversion totale; que les Français qui OSERAIENT SE DÉFENDRE seraient punis comme des rebelles, et leurs maisons démolies ou brûlées. Ces inconcevables menaces devaient nécessairement amener des excès populaires, des crises sanglantes, d'épouvantables exécutions; mais le manifeste de Brunswick justifiait tout d'avance; tout avait déja son excuse dans une criminelle agression. Brunswick et Coblentz avaient souffleté la France!

L'Assemblée nationale venait de jeter à la France ces mots électriques : LA PATRIE EST EN DANGER! Les citoyens armés arrivaient à Paris de tous les points; ceux de Marseille se distinguaient entre tous par une ardeur patriotique qu'ils tenaient de leur climat; et leur enthousiasme contagieux présageait une journée de terrible explosion. Brunswick était encore trop éloigné, l'heure de la bataille n'était pas venue ; mais l'avant-garde prussienne était au centre de Paris, sur le Carrousel, au château. La connivence du roi et de la Cour avec ceux de Coblentz était flagrante aux yeux, à la raison, à l'instinct du peuple : c'était donc sur le Carrousel qu'il fallait relever le gant jeté par Brunswick, c'était dans les Tuileries mêmes qu'il fallait écraser les têtes de l'hydre réactionnaire dont la queue était à Coblentz. Le 20 juin avait été oublié comme une vieille page d'histoire ; une nouvelle était à écrire, avec une date burinée par les boulets sur le marbre du château. C'est la date du 10 août.

CINQUIÈME
JOURNÉE.

10 AOUT 1792.

LE PEUPLE ROI.

Dies iræ, dies illa.

LA REINE, MADAME ÉLISABETH.

MADAME ÉLISABETH.

Ma sœur! venez donc voir le lever de l'aurore;
Jamais sur les tapis du pavillon de Flore

Le soleil n'a glissé tel que nous le voyons :
On croirait, à le voir derrière Notre-Dame,
Qu'une triste lueur a coloré sa flamme,
    Qu'il a du sang dans ses rayons.

Ma sœur! ce soleil rouge est de mauvais augure;
Mon Dieu! le froid du cœur me monte à la figure;
Je tremble pour mon frère; ô ma sœur, ai-je tort?
Je voudrais bien le voir loin de cette demeure;
Dites, que fait le roi? que fait-il à cette heure?

LA REINE.

Ce que fait mon époux? il dort!

MADAME ÉLISABETH.

Mon frère dort! que Dieu le couvre de son aile!
Je veillerai pour lui comme une sentinelle;

LE PEUPLE ROI.

Prions bien l'une et l'autre au pied de cette croix,

Pour que le ciel lui donne un bonheur sans mélange

Et lui prête le bras et le glaive de l'ange

    Qui veille aux portes des bons rois.

LA REINE.

Oui, priez; la prière est sœur de l'espérance;

Mais moi, femme du roi, moi, la reine de France,

Ce n'est pas aujourd'hui le rôle qu'il me faut;

Je veux prier aussi, mais après la victoire;

Avant, le marchepied d'un dévot oratoire

    N'est qu'un degré vers l'échafaud.

    Si le pourpre qui teint le soleil qui se lève

Annonce un de ces jours où l'on tire le glaive,

On ne me verra point devant mon crucifix;

La fille des Césars, quand son palais s'écroule,

Sous les mille poignards de l'insolente foule

 Doit tomber en montrant son fils.

Puis ces femmes debout à la croisée ouverte

Contemplaient la rivière et sa pelouse verte,

Les quais déserts encor du Louvre à la Cité ;

Et de ce regard fixe où la tristesse éclate,

Elles suivaient aux cieux ce soleil écarlate,

 Le dernier de la royauté.

A moi l'insigne honneur de conter cette histoire !

Fils non dégénéré d'un brûlant territoire ;

LE PEUPLE ROI.

Bercé depuis trente ans de l'hymne solennel,

J'ai le droit de chanter le combat paternel.

Vous, qui ressuscitez nos souvenirs épiques,

Vous, qui gravez sur bronze avec le fer des piques,

Poëtes ! libre à vous, dans ces fastes ouverts,

De choisir des sujets pour d'héroïques vers ;

Par-tout, ailleurs qu'ici, dans l'art des hexamètres

Je vous proclamerai mes rivaux ou mes maîtres ;

Mais ce jour m'appartient, il est mien tout entier,

Mes concitoyens morts m'ont fait leur héritier ;

Quand sur le Carrousel le hasard me promène,

Je m'arrête, et je dis : Je suis sur mon domaine ;

Laissez-moi donc ouvrir ces éclatans feuillets :

Pour parler du dix août il faut un Marseillais.

Et toi, qui conduisis les destructeurs du trône,

De la plage lointaine où s'abîme le Rhône,

Toi, sans qui, dérobée aux foudres du dix août,

La vieille royauté serait encor debout,

Ombre de Barbaroux, digne enfant de Marseille, ²

Apparais aux lueurs de ma lampe qui veille,

Électrise ce chant de victoire et de deuil ;

Viens, avec ce front nu, ce flamboyant coup d'œil

Devant qui s'inclinait la terrible phalange ;

Salut et gloire à toi, séditieux archange !

Cette nuit-là, Paris jetait ces hurlemens

Qui précèdent toujours les longs enfantemens :

Le sombre Hôtel-de-Ville était comme une tête

Où le géant pensif méditait la tempête ;

Comme d'immenses bras il tordait ses faubourgs,

Formidables leviers qu'il soulève aux grands jours.

L'aube luit : le tocsin dont la langue est connue,

Cette voix de l'enfer qui tombe de la nue

Épanche la terreur sur tout homme vivant :

Aux armes, citoyens ! levez-vous ! en avant !

La révolte mugit de toute son haleine ;

C'est elle avec sa pique et son casque de laine ;

Elle va, secouant ses pétillans tisons,

Elle heurte du pied l'ardoise des maisons,

Agite les marteaux sur les portes sonores,

Éparpille dans l'air ses rubans tricolores,

Vomit de ses poumons un frénétique chant,

Marche la tête haute et grandit en marchant.

C'est l'heure de mourir ou de gagner un trône ;

Paris a salué sa terrible patronne ;

Sa grande voix pareille au bruit de cent tambours

Fait sortir des soldats d'entre les carrefours;

Elle évoque, en passant, au seuil de la Commune

Ces sinistres esprits d'orageuse fortune,

Ces âpres Cordeliers, ces brûlans Jacobins,

Qui jurent par le sang comme les chefs thébains,[3]

Ces hommes dont les pieds marqueront sur l'arène :

Tallien, Manuel, Fabre, Billaud-Varenne,

Bourdon, Merlin, Chabot, sorti du saint dortoir;

Legendre, parfumé d'une odeur d'abattoir,

Santerre dont le nom ravit la populace :

Tous marqués dans les yeux du rayon de l'audace.

Quel est donc ce géant qui rugit? c'est Danton :

Il se dresse, pareil au Satan de Milton,

Il semble de lui seul remplir toute la scène;

Oh! contemplez sa face, elle en vaut bien la peine :[4]

C'est un dogue farouche, un ours démuselé,

C'est un bloc sulfureux à grands coups ciselé;

De sa lèvre de fer que le dédain contracte

Sa parole bondit comme une cataracte;

Jusqu'ici dans la foule il a pu se bannir,

Mais pour lui, dès ce jour, date un large avenir;

Comme une lave ardente il jaillit du cratère,

Un boulet de canon le porte au ministère. ⁵

Voilà ceux qu'en ce jour de choc universel

La sublime furie entraîne au Carrousel.

A ce grand rendez-vous sont venus dès la veille

Cinq cents hommes portant leur soleil de Marseille;

Ils ont couru dix jours, suivant avec transport

L'aiguille du marin qui leur montrait le nord;

Qu'il est beau de les voir, bien long-temps avant l'heure

Comme un brave en duel qui craint d'être en demeure

Ces brûlants étrangers parlent tous à-la-fois,

Ils sont par-tout, mêlant les gestes à la voix,

Tour-à-tour généraux, orateurs, sentinelles,

Fesant jaillir l'éclair de leurs noires prunelles;

Insultant le château d'un poing audacieux,

Secouant les canons sur les rauques essieux;

Jamais calmes, pareils, dans leur humeur mobile,

Aux flots mutins, aux vents qui parlent dans leur ville

Paris compte sur eux : le combat peut s'ouvrir;

Ils savent qu'ils sont là pour tuer ou mourir.

A ce fier bataillon, phalange volontaire,

S'unissent les soldats sortis du Finistère;

Ils sont aussi venus avec le sabre au poing;

Le Sud et l'Occident ne font plus qu'un seul point,

Et l'océan breton, de sa vague étonnée,

Rencontre au Carrousel la Méditerranée.

Que la part des lauriers soit égale pour eux !

Frères ! vous êtes nés sur un sol généreux ;

Votre vieille Armorique enfanta par centaines

De rudes chevaliers, de puissans capitaines ;

C'est assez pour les rois : à son jour de déclin,

Que le peuple à son tour trouve ses Duguesclin.

Ces robustes soldats ouvriront la bataille,

On les a réservés pour la première entaille,

De la hache du peuple ils sont le pur acier ;

La masse de derrière est un fer plus grossier ;

Vous les verrez pourtant prendre part à la scène

Ceux des faubourgs lointains que divise la Seine ;

Du noir Hôtel-de-Ville ils ont franchi l'arceau,

Liant en un seul nom Saint-Antoine et Marceau :

De leurs osseuses mains que le labeur a teintes,

En partant, ils ont pris sous leurs forges éteintes

Le marteau bondissant, le fer des ateliers,

Ces instrumens massifs qui brisent les piliers,

Les portes des châteaux et la grille insolente,

Barrière aux pieux dorés que la royauté plante.

Une nuit a créé ces milliers d'assaillans :

Les uns sont déployés sous les murs des Feuillans;

D'autres, que Lazowski de sa voix aiguillonne,

Devant le Pont-Royal déroulent leur colonne;

Westermann a pressé ses ardens bataillons

En face de la cour et des deux pavillons;

C'est Paris tout entier enivré de colère

Qui présente au château l'assaut triangulaire :

Tous, Marseillais, Bretons, citoyens de Paris,

Vers le centre commun s'ébranlent à grands cris

En secouant les mains vers les hautes croisées,

Vers les dômes couverts d'écailles ardoisées,

Vers ces portes de fer, vers ces noires cloisons

Où la Cour machina ses hautes trahisons.

C'est un siège d'Homère, une bataille antique;

Ils semblent dédaigner la moderne tactique;

A d'autres la prudence et les chemins couverts,

L'osier de l'artilleur et les branchages verts;

Eux s'avancent, offrant sur les trois avenues

Des têtes sans abris et des poitrines nues.

A vous, soldats du trône, orgueilleux paladins!

Inondez de vos rangs la cour et les jardins,

Montrez-vous aux balcons, sortez des galeries,

C'est l'heure de sauver vos saintes Tuileries;

Jamais plus beau tournoi, sonné par les clairons,
Devant le Carrousel n'appela les barons;
Oh! vous allez les voir sur ces mille fenêtres
Ces héroïques fils d'héroïques ancêtres;
Ils vont faire onduler aux augustes arceaux
L'armorié guidon, signe des grands vassaux;
A l'heure du péril une lâche faiblesse
Ne fera pas mentir le sang de la noblesse;
Ils viendront : tout seigneur qui sur son vieil écu
Porte un signe éclatant du mécréant vaincu;
Tout preux, tout chevalier à devise latine,
Fils de ceux dont le sang teignit la Palestine,
Seront fiers de montrer à ce peuple arrogant
Qu'au dix août la noblesse a relevé le gant.
Se peut-il? Dans les cours, sur la royale grille,
Nulle bannière au vent, nul étendard ne brille;

Le peuple par trois fois a touché leur blason,

Et nul ne s'est montré pour en avoir raison;

Aucun d'eux n'a paru sur la large terrasse,

Tout grandi par l'orgueil de son antique race,

Demandant d'un ton fier quelle insolente main

Avait touché l'armure aux poteaux du chemin;

Pour défendre leur prince et les sacrés portiques,

Ils empruntent des bras aux cantons helvétiques;

Ils sont partis, laissant au fusil étranger

Un périlleux devoir qu'ils n'osent partager;

Ces avares soldats que l'argent seul convie,

Aujourd'hui seront seuls à dépenser leur vie;

Car ces pâles Bourbons si chers aux courtisans,

Dès que leur trône arrive aux jours agonisans,

Somment avec ferveur la France très chrétienne

De tendre à leur faiblesse un bras qui les soutienne,

Et ne trouvent jamais au pied de leur autel.
Que l'archer, fils bâtard de Mechtal et de Tel.

Allons, Suisses massifs, sans peur et sans colère,
Journaliers du château, gagnez votre salaire;
C'est le jour du travail, soyez obéissans;
Mandataires soldés des paladins absens,
Vous avez dans vos mains leur courage et leurs titres
Feu de tous les balcons, feu de toutes les vitres,
Feu des longs corridors, des corniches, des toits,
Du pavillon de Flore et de celui d'Artois!
Que vos deux mille éclairs, du perron jusqu'au faîte,
Illuminent le roi comme au jour de sa fête;
C'est bien : parmi les feux des rouges pelotons,
Du sein de ce palais, camp des treize cantons,

Nul cri d'amour ne sort, nul cri parti de l'ame
Jetant le nom du roi dans les sillons de flamme,
Ce *vivat* solennel qui vole avec son nom
Quand la fête sanglante allume le canon :
Hélas! pour proclamer le nom de Louis seize,
Il n'est plus dans ce camp une bouche française !
Silence ! on n'entend là, dans ces tristes momens,
Que l'ordre militaire et des mots allemands.

Mais, vis-à-vis, quel bruit dans cette large foule !
Il semble au Carrousel que tout Paris s'écroule,
Que le Louvre a rompu ses portiques voûtés ;
C'est un torrent de voix qui déborde ; écoutez !
Un chant tombé du ciel dans la tête d'un homme,
Hymne né sous la tente et que Marseille nomme, [6]

Un chant épileptique, un refrain colossal,
Qui réveille par bonds tout un peuple vassal,
De l'esclave des rois arrache les menottes,
Fait vibrer dans les airs d'incendiaires notes ;
Ce chant du citoyen, cet hymne marseillais
Tonne avec les canons sur les murs du palais.
Du bonnet phrygien la chevelure ceinte,
O mes frères ! chantez, chantez la strophe sainte ;
Promenez sous les cieux cet orageux refrain,
Ce tonnerre allumé dans vos poumons d'airain ;
Chantez, ce chant va bien lorsque le boulet gronde,
Quand la balle en passant siffle comme la fronde ;
Il aime ce fracas qu'on entend aujourd'hui,
L'orchestre des canons est seul digne de lui.
Voyez comme, à ce chant qui gonfle vos narines,
Partout la flamme sort des ardentes poitrines,

Comme les fils du nord qui vous ont écoutés,
Du même feu que vous brûlent à vos côtés ;
A tous une seule ame, une volonté seule !
Ils se roulent en bloc comme une immense meule
Sur la grille de fer aux solides faisceaux ;
La voilà qui se mêle aux fanges des ruisseaux :
Sur ses pieds de granit puissamment étayée,
Le bras des deux faubourgs d'un coup l'a balayée ;
Partout la citadelle a livré ses abords,
Paris et le château vont lutter corps à corps.

O sainte liberté ! maintenant, sur ton livre
Inscris ceux qui pour toi n'ont plus de jours à vivre,
Les premiers des martyrs, ceux que nous invoquons,
Ceux qui se font tuer sous les royaux balcons ;
Ton fanatique amour leur rend la mort légère,
Ils tombent en riant sous la balle étrangère ;

Ils sont heureux, ils ont leurs frères pour témoins,

Et le Suisse royal a des balles de moins.

Ah! par un sang trop pur leur triomphe s'expie :

Soldats de rois! cessez une défense impie ;

Faut-il que pour punir vos lâches trahisons

Ce peuple assassiné lance tous ses tisons,

Que les ardens canons rangés en batteries

Crèvent par tous les flancs vos larges Tuileries ?

Eh bien donc! entendez rugir sur ces parois

La dernière raison des peuples et des rois ;

Jamais gueule d'airain ne fut plus éloquente ;

Aux frontons ciselés, aux chapiteaux d'acanthe,

Au dôme de l'horloge, aux portiques noircis,

Aux pavillons jumeaux que planta Médicis,

A tout ce vaste amas du royal labyrinthe,

Partout le noir boulet grave sa blanche empreinte ;

Il s'engouffre en sifflant dans les rideaux soyeux,

Déchire les portraits où pendent les aïeux,

Et sur le long pourtour du mur expiatoire

Dessine avec fracas un grand tableau d'histoire.

Ne vous étonnez pas : ce haut renversement,

Ces éclats de granit, de marbre, de ciment,

La chute de ces murs par l'écho réfléchie,

C'est ainsi qu'en tombant craque une monarchie.

Vous qui lisez, voyez que de débris il faut

Pour faire une charpente au royal échafaud !

Voyez au Carrousel quelle grande hécatombe

Il faut offrir au ciel pour qu'un monarque tombe !

Car, au pied du château que le Suisse défend,

Ce combat du dix août n'est pas un jeu d'enfant ;

Car trois mille martyrs, trois mille en quelques heures

Ont rougi le pavé des royales demeures ;

Trois mille renversés avec la balle au front,

Qu'à leur foyer du soir les mères pleureront.

Et pendant que leurs corps ensanglantent la fange,

Dites, que fait le roi, le roi de France? il mange. [7]

Tel est leur héroïsme : abrutis sur leur sort,

Les rois comme les bœufs mangent devant la mort.

Entouré de poignards, parqué dans une loge,

Il entend les versets de son martyrologe;

Bourbon dégénéré! comme il s'est appauvri

Le sang de Louis neuf et du héros d'Ivri!

Ce martyr résigné, c'est le fils d'Henri quatre!

Moins brave qu'une femme, à l'heure de combattre,

Du trône héréditaire il a fui ce matin :

Il est là, sans regrets, sourd au combat lointain,

Ou quelquefois prêtant une oreille apathique

Au tonnerre d'airain qui brûle son portique,

Aux cris de ses soldats par le peuple broyés :

Ils meurent pour leur roi, qu'importe? ils sont payés.

Ils sont payés : déja leur journée est finie ;

L'écho des lambris d'or rend leurs cris d'agonie ;

L'horloge du château, funéraire beffroi,

Sonne, sonne le glas des défenseurs du roi :

Leur sang ruisselle à flots ; il filtre des mansardes,

Des murs que le boulet déchira de lézardes ;

Il s'imbibe aux tapis, qu'en soyeux échelons,

La rampe fait monter aux portes des salons :

C'est que le peuple fort a pris d'assaut la place ;

Qu'autour de l'édifice il se serre et s'enlace

Comme un écrou de fer d'un immense circuit,

Rempart infranchissable au désespoir qui fuit.

Le peuple, cette fois, entrant aux Tuileries,

N'a pas son front chargé de couronnes fleuries ;

Il ne vient plus joncher les somptueux tapis

De roses du vingt juin et de jaunes épis ;

Sa première leçon ne fut pas entendue,

Il entre pour goûter une vengeance due ;

Et puis s'il oubliait des outrages anciens,

Ne voit-il pas le sang de trois mille des siens,

Large mare écumeuse où le Carrousel nage,

Dont l'enivrant parfum conseille le carnage ?

N'entend-il pas crier du sein des bataillons :

Marchons, qu'un sang impur abreuve nos sillons?

Aussi la Pitié sainte est remontée aux astres,

Son culte est méconnu dans ce jour de désastres ;

Le peuple échevelé, de sa voix de lion,

Proclame à l'ennemi sa loi du talion,

Mort pour mort; il lui faut jusqu'à l'extrême goutte
Que ce palais conquis solde le sang qu'il coûte,
Que les morts entassés sur les pavés ardens
Pèsent le poids de ceux qu'on égorge dedans.
Allez, l'œuvre de sang sera pleine et parfaite,
C'est un peuple vainqueur qui préside à la fête;
Anathème aux vaincus! tombe sous le couteau
Quiconque a respiré l'ombre de ce château!
La vengeance est subtile à flairer les victimes,
Le sabre intelligent sonde tous les abîmes;
C'est encor peu : rendez ce tableau sans pareil,
Ajoutez une flamme aux rayons du soleil,
A cette grande fête invitez l'incendie :
Le voilà battant l'air de son aile agrandie;
Jusque sur les balcons, par un horrible jeu,
Il va lécher le sang de ses langues de feu;

Sur ce vaste théâtre où le carnage fume
Passe l'odeur des chairs que la flamme consume;
Le sang du citoyen et le sang étranger
Sur les pavés brûlans coulent sans se figer.
Horreur à se voiler les yeux toute une vie!
Vengeance de la mort par la mort assouvie!
A qui la faute? à qui les déchirans remords?
A qui l'horrible droit de manger tous ces morts?
Aux lâches qui s'en vont au marché des frontières
Vendre notre sang pur, creuser nos cimetières,
Recruter les soldats de Prusse ou du Germain,
Leur désigner du doigt l'étape et le chemin,
Nourrir leur roi trompé par d'espérances vaines;
Puis, avares du sang qu'ils soignent dans leurs veines,
Assis sur les talus de l'Escaut ou du Rhin,
Attendre pour rentrer que le ciel soit serein.

La faute ? à toi, Brunswick, qui, du seuil d'une tente,

Agites sur Paris ta houssine insultante,

Qui des rives de l'est, sol où tu débordas,

Fais mugir jusqu'à nous tes féroces soldats ;

Va, nous les attendons ces bandes sacriléges ;

Malheur à toi ! malheur au roi que tu protéges !

Tu veux lui replacer le diadème au front ;

Eh bien ! sois glorieux, tes vœux s'accompliront,

Tu sauras dans cinq mois, ô désastreux prophète,

Quelle Cour doit le suivre à sa dernière fête,

Dans quelle pourpre vive on teindra son manteau,

Et quel trône on lui garde en face du château !

NOTES

DE LA

CINQUIÈME JOURNÉE.

NOTES

DU PEUPLE ROI.

[1] « Ma sœur! venez donc voir le lever de l'aurore. »

On lit dans M. Rœderer l'anecdote suivante : « Au moment « qu'on entendit la voiture de M. le maire sortir de la cour, on ou- « vrit un contrevent du cabinet du roi pour voir ce que c'était que « ce bruit de voiture. Le jour commençait à luire. Madame Élisa- « beth alla à la croisée; elle regarda le ciel qui était fort rouge, et « elle dit à la reine qui était restée au fond du cabinet : *Ma sœur!* « *venez donc voir le lever de l'aurore;* et la reine y alla. Ce jour, « elle vit le soleil pour la dernière fois. » (Chronique de cinquante jours, etc., liv. IV, pag. 359.)

[2] « Ombre de Barbaroux, digne enfant de Marseille. »

L'illustre Barbaroux partage avec Danton la gloire d'avoir donné la première et la plus puissante impulsion au 10 août.

[3] « Qui jurent par le sang comme les chefs thébains. »

Allusion aux sept chefs qui jurèrent devant Thèbes, en plongeant leurs mains dans le sang d'un taureau noir qu'ils venaient d'égorger.

[4] « Oh! contemplez sa face, elle en vaut bien la peine. »

Danton, le Mirabeau de la populace, avait reçu de la nature des formes colossales, et une éloquence de tribun toute-puissante sur les faubourgs. Sa figure, horriblement cicatrisée de petite vérole, son nez écrasé, ses lèvres saillantes, ses yeux petits, son regard ardent et audacieux, sa voix rude et tonnante, lui donnaient le droit de s'écrier, comme il le fit un jour : *J'ai la taille athlétique et la physionomie âpre de la liberté.* On sait que sur l'échafaud il adressa au bourreau ces étranges paroles : *Quand tu auras coupé ma tête, montre-la au peuple, elle en vaut bien la peine !...*

⁵ « Un boulet de canon le porte au ministère. »

J'ai été porté au ministère par un boulet de canon:
(Paroles de Danton après le 10 août.)

⁶ « Hymne né sous la tente et que Marseille nomme. »

La *Marseillaise*, qui a renouvelé chez nous les victoires que les inspirations classiques de Tyrtée avaient fait remporter aux Spartiates, est, comme tout le monde le sait, l'ouvrage de Rouget-de-l'Isle, officier du génie. Ce patriote composa notre hymne national à Strasbourg, au moment où l'armée républicaine allait franchir le Rhin.

⁷ « Dites, que fait le roi, le roi de France ? il mange. »

Plus la chute de Louis XVI était grande, plus il devait à sa position de roi de supporter son malheur avec noblesse et dignité; il n'en fit rien. Il ne sut opposer à son infortune qu'une résignation stupidement insouciante. Arrivé dans la loge du logographe, au moment où tonnait le canon du 10 août, et où tombait sa royauté, son premier soin fut de se faire servir à dîner. C'est ainsi qu'au retour de Varennes il eut la précaution de prendre deux repas copieux. Le peu de paroles qui sortaient de sa bouche était d'accord avec cette piteuse manière d'agir. En fuyant les Tuileries pour se réfugier au sein de l'Assemblée nationale, sa phrase la plus remarquable fut celle-ci : *Voilà bien des feuilles ; elles tombent de bonne heure cette année.* (M. Rœderer, pag. 371.)

INTRODUCTION
A LA SIXIÈME JOURNÉE.

Voici une page d'horreur et de frissons, voici une date à rayer d'un glorieux livre; le sang qui la couvre est plus repoussant, plus odieux à voir que celui des échafauds; c'est le sang du meurtre, du meurtre dans ses plus effrayantes proportions. Le poëte qui s'est donné la tâche de chanter cette lamentation osera tout dire, il ne voilera aucun coin de l'horrible tableau; il faut que la poésie soit cynique de relief à l'œil et à l'esprit, comme la gravure du frontispice. A quoi bon imiter les historiographes des rois, ceux qui glissent adroitement sur les crimes des Cours, tout tremblants de compromettre la cause monarchique? La cause de la liberté n'a pas besoin d'écrivains officieux; elle est toujours en dehors de toute solidarité criminelle.

L'histoire des rois abonde en sanglantes pages, et il s'est souvent rencontré des écrivains pour les justifier; on a eu l'impudeur de les appeler *rigueurs salutaires*. Même tolérance a été accordée aux vastes exécutions religieuses de Séville, de Lisbonne, de Goa; mais nous, hommes de la liberté, nous flétrissons le 2 septembre. Pourtant on ne peut établir aucune commune mesure entre le fiévreux et sanglant paroxisme de notre époque, et les sept journées royales d'août 1572, et les auto-da-fé permanens de l'Europe et de l'Inde. Les cinquante mille huguenots massacrés au nom de Charles IX ; les deux millions d'hérétiques brûlés en deux siècles, sont, auprès du 2 septembre, comme ces immenses tableaux de destruction peints aux voûtes des Musées, et qui absorbent les petites scènes de deuil domestique suspendues au-dessous. Il y a plus, ces massacres royaux ou religieux étaient ordonnancés avec calme. Le roi Charles IX, dit un historien, *permit aux Parisiens de tuer les huguenots*.[1] En Espagne et dans l'Inde, on assassinait avec pompe et quiétude, par de belles soirées d'été, sur de rians amphithéâtres, parfumés de roses et de jasmins. Au 2 septembre, le délire était dans tous les cerveaux; le sol tremblait; Paris était dans les convulsions de l'agonie; l'ennemi émigré et l'ennemi prussien étaient à l'horizon avec leurs promesses inviolables d'incendie et de subversion; il fallait partir en masse pour se battre, et ceux qui partaient se tournaient de frayeur vers ces prisons menaçantes, où rugissaient d'espoir tant de royalistes imprudents; alors il se trouva, ce qu'on trouvera toujours dans Paris, des hommes horribles qui se chargèrent d'une exécution... Il est étrange que ce soient précisément les apologistes des grands septembriseurs royaux et religieux qui essaient de flétrir notre belle révolution pour les crimes des Billaud-Varennes et des Maillard. A chacun ses œuvres; les causes pures ne craignent rien des folies sanguinaires des hommes. Torquemada et Billaud-Varennes n'ont pas laissé une seule tache sur le front de la religion et de la liberté.

[1] Trésor de l'Histoire de France, par Gilles Corrozet, avec privilège du roi, 1645. Paris, chez Clousier, place Dauphine.

SIXIÈME JOURNÉE.

2 ET 3 SEPTEMBRE 1792.

LES MASSACRES.

Per strages libertas innocua.
Sénèque.

Quand ce chiffre de sang tombe sur une feuille,

Dans un mortel frisson notre esprit se recueille,

Il semble qu'un long crêpe étend ses noirs réseaux ;

L'épiderme glacé se crispe sur les os,

Une raideur subite engourdit chaque membre,

Et l'on redit tout bas ces deux mots : DEUX SEPTEMBRE!

Puis, si l'on est de ceux qui jugent hardiment

Les choses du passé par l'instinct du moment,

Qui mettent sur leurs yeux le drap du mausolée,

Qui n'ont vu dans un fait que la chose isolée,

Ne remontant jamais par un profond coup d'œil

Au doigt originel qui prépara le deuil;

Alors, dans un accès de vertueuse haine

On maudit les fureurs que le peuple déchaîne,

Et l'époque homicide où sa main, en passant,

Ne semait sur le sol que des dates de sang.

Oh! non, non, ce n'est pas quand rien ne nous agite,

Quand le calme bonheur règne dans notre gîte,

Quand l'oisiveté d'or, mère des doux ennuis,

Nous fait des jours d'azur et d'amoureuses nuits,

LES MASSACRES. 171

Quand au Forum muet nul tocsin de discorde

De l'arc des factions ne fait vibrer la corde;

Non, ce n'est point alors dans ces tièdes instans

Qu'on peut juger un jour âgé de quarante ans,

Une énigme de deuil tracée avec la plume,

Que l'histoire couvrit d'une sanglante brume,

Qui brise dans la nuit l'entendement humain,

Et fait tomber le front sur la tremblante main.

Sous nos cieux si sereins, pour expliquer l'orage,

Pour ravir aux tombeaux les secrets d'un autre âge,

Pour saisir un éclair dans ce noir horizon,

Combien il faut de sens et de calme raison !

Il faut un grand effort de lucide pensée

Pour se créer acteur d'une époque passée,

Pour sonder aujourd'hui d'un doigt contemporain

L'abîme qu'un volcan ouvrit sur ce terrain,

Et juger les héros des anciennes tempêtes,
Comme si l'ouragan brûlait encor nos têtes.

Eh bien ! de ce passé formons notre avenir,
De quarante ans éteints sachons nous rajeunir,
Détachons notre esprit de ses rêves tranquilles,
Rembrunissons l'azur qui rit au front des villes,
Vivons au deux septembre : écoutez, écoutez
Le salpêtre qui bout sous nos chemins voûtés ;
De Paris à Verdun qu'un éclair illumine
Entendez-la gronder l'incendiaire mine ;
Voyez devant Brunswick la frontière à genoux ;
Verdun est menacé, Longwy n'est plus à nous ;
Le pâle drapeau blanc, menaçante Gorgone,
Comme un spectre, surgit aux sapins de l'Argonne ;

L'aigle de Frédéric et cent mille émigrés
Pour monter à Paris n'ont plus que deux degrés;
La panique terreur sur tous les points rayonne;
Des bords de la Moselle aux rives de l'Yonne
Tout clocher villageois sonne, sur tout chemin
On n'entend que ce cri : Paris est pris demain ![2]
Et Paris tout fiévreux, haletant de délire,
A chaque bulletin qu'à peine il ose lire,
Tourne ses yeux vers l'est et croit à chaque instant
Voir tomber en vainqueur l'ennemi qu'on attend.
C'est l'heure où dans les fronts la raison s'est éteinte,
Où le bourdon du sang dans chaque oreille tinte,
Où la cervelle brûle, où le frisson nerveux
Serpente sur le crâne, et dresse les cheveux.
Alors tout est permis; aucun crime ne coûte;
Plus de ces froids conseils que le bon sens écoute;

C'est une ville folle, et qui, le glaive nu,

Se débat en frappant sur un sol inconnu.

Le génie effrayant qui préside aux tempêtes

Alors heurte du pied à des portes secrètes;

Il en sort des fléaux avec des noms humains,

Êtres qui dans le meurtre enfoncent les deux mains;

Artisans d'échafaud, contempteurs du salaire,

Ils servent pour du sang leur maître populaire,

Et marchent, l'infamie écrite sur le dos;

Ces tonnerres vivans formés de chair et d'os,

En purifiant l'air, laissent voir dans l'espace

Le rayon qui console, et le malheur qui passe.

Toujours quand le délire égare une cité,

Et fait descendre au front la noire cécité,

Toujours il en viendra, debout, la hache prête,

De ces hommes de sang qu'aucun crime n'arrête,

Qui paraîtront la nuit dans l'ombre des cachots,

Et fixeront leur lèvre à des cadavres chauds,

S'il est vrai, qu'invoquant des droits illégitimes,

Les peuples quelquefois se sauvent par des crimes,

Déplorons à jamais ces effroyables jours

Où l'on livre un empire à de pareils secours.

IL FAUT FRAPPER UN COUP! Ces étranges paroles[3]

Vont préparer les mains à de tragiques rôles ;

De ce funeste oracle, en cinq mots combiné,

Le sens mystérieux n'est que trop deviné :

La nuit, la noire nuit tombe avec ses angoisses ;

Saint-Germain-l'Auxerrois, doyenne des paroisses,

Éveille à son clocher ce tocsin endormi

Qui, sept grands jours, fêta la Saint-Barthélemy ;

Cette église des rois, qui sonne pour leurs sacres,

Prend plaisir à sonner pour tous les grands massacres;

Ce n'est plus cette fois un tocsin grêle et long,

C'est un marteau qui bat dans la cloche de plomb,

Un son lourd, étouffé comme une voix qui râle

Et chante un duo sombre avec la générale;

Dans cette nuit de deuil on l'a choisie exprès

Pour répondre aux trois tours de Saint-Germain-des-Prés;

Comme sous Charles neuf la cloche est obéie :

L'assassinat se lève et marche à l'Abbaye; [4]

Il ouvre en même temps, de sa hideuse main,

La tour du Châtelet, la Force, Saint-Firmin,

Et toutes ces prisons aux salles ténébreuses,

Aux corridors gluans, aux façades lépreuses,

Bercails de condamnés, réservoirs des bourreaux,

Viviers d'hommes, remplis à fleur de soupiraux.

LES MASSACRES.

Vous tous qui, dans les fers scellés à la muraille,

Rêvez la liberté sur la couche de paille,

Tremblez ! ce n'est pas l'heure où grincent les verrous ;

Le peuple-magistrat vient lever vos écrous ;

Tremblez ! on vous apporte une justice brève ;

La Commune a pris soin d'expliquer votre rêve.

Ils entrent ! Voilà donc ceux qui les ont compris

Ces mots mystérieux qui planaient sur Paris ;

De l'énigme de mort ce sont les interprètes,

Ils vont frapper le coup, les mains sont toutes prêtes :

D'un conseil invisible intime confident,

Maillard crée un prétoire et s'en fait président ;

Il prend pour assesseurs deux hommes du cortége,

Pour toque un bonnet rouge, un escabeau pour siége,

Pour greffier, un boucher député des faubourgs,

Tenant un livre ouvert qu'il feuillette à rebours ;

Pour lustre, un gras flambeau qui pétille et qui sue,

Et pour huissier un homme armé d'une massue.

Sinistre parodie, infâme tribunal!

Sur les pas d'un valet qui balance un fanal,

Le pâle prisonnier vient sous la geôle noire;

Il est debout : deux mots font l'interrogatoire;

Un horrible clin d'œil juge en dernier ressort;

L'arrêt dit : A la Force ! Il est libre... Il est mort.

Le nom des accusés résonne sous la voûte;

Suivant l'ordre d'appel le réservoir s'égoutte;

Les bourreaux de la rue entendent chaque nom;

Et surtout, qu'on soit prompt à juger, ou sinon

Aux grilles du guichet une face livide

Se montre, en demandant si la prison est vide,

Si l'on dérobe au peuple un coupable impuni,

Et l'on entend des voix : Est-ce déja fini ?

Ils sont tous là guettant qu'une victime sorte ;

Sur les étroits degrés de la fatale porte

Le calme assassinat a mis ses journaliers ;

Deux hommes sont debout sur les hauts escaliers,

Le bras levé, hideux de face et de costume,

Comme deux forgerons qui vont battre l'enclume :

Chaque fois que marquée au stigmate des morts

La tête d'un captif apparaît au dehors,

Les deux masses de fer, qu'un double coup révèle,

Tombent et font jaillir des flocons de cervelle ;

Femmes aux blonds cheveux, vieillards aux cheveux blancs,

Tous les fronts sont broyés sous les marteaux sanglans ;

Dans la bouche où murmure un accent de prière

Se plonge au même instant la pique meurtrière ;

Trente sabres rangés, sur un double cordon,

Coupent les bras tendus qui demandent pardon ;

Et les noirs égorgeurs qu'absout la populace

S'enivrent du carnage exhalé sur la place,

Se penchent sur le sang qui se creuse un ravin

Comme autour d'une cuve où fermente le vin !

Partout des corps mourans à la face ternie,

Des membres, des tronçons tordus par l'agonie,

De convulsives mains, qui de leurs doigts crispés,

Étreignent par les pieds ceux qui les ont coupés;

Et sur ce lit de morts le bourreau se promène !

Ces cadavres hideux, privés de forme humaine,

C'est le digne tapis, c'est le moelleux coussin,

C'est l'éponge fumante où marche l'assassin.

Quoi ! l'holocauste fume et nul cri ne s'élève !

Paris, les yeux fermés, entend les coups du glaive !

LES MASSACRES.

Quoi ! ce peuple muet en ses mortels abois,
S'incline sous Marat et sous Collot-d'Herbois !
Le meurtre court la rue et la loi le protége !
Quoi ! des sept cents tribuns rassemblés au Manége,
Au seuil de la prison quand le sang coule à flots,
Nul d'entre eux ne viendra dans ce lugubre enclos ! [5]
Ah ! qu'il vienne ! avec lui que l'humanité sainte
Comme un astre inconnu luise dans cette enceinte !
O terreur ! le voici, le funeste envoyé :
Sur le champ du massacre à ses yeux déployé,
Il arrive à pas lents, la figure sereine :
La foule bat des mains devant Billaud-Varenne ; [6]
Un pied sur un cadavre, un autre dans le sang,
Lui, semble contempler d'un regard caressant,
Comme un héros vainqueur sur un champ de bataille,
Le chantier de carnage où le peuple travaille ;

Il promet le salaire à ses dignes efforts;

Impassible, debout sur ces débris de morts,

Sur l'exécrable autel dressé par les furies,

On croirait voir planer le dieu des boucheries.

Va donc, puisqu'on t'absout, peuple! fais ton devoir;

Que rien ne soit vivant dans chaque réservoir;

Que ta lourde massue en tous lieux retentisse;

Sur toutes les prisons fais passer ta justice;

Va, commande par-tout où se taisent les lois;

Je n'ai que trop suivi tes effrayans exploits;

D'autres dérouleront la page tout entière,

Ils compteront les morts de chaque cimetière;

Ils entendront hurler, sans sécher de frissons,

Tes sanglans *Ça-ira*, tes lugubres chansons;

Ils iront à la Force où ta main cannibale

Distribuait le corps de la blonde Lamballe;

Dans ce large abattoir, à leurs yeux découvert,
Ils verront qui fit mieux de Maillard ou d'Hébert :
Qu'ils visitent encor, de peur qu'on ne l'oublie,
Ce lamentable Hôtel où grince la folie,
Le caverneux Bicêtre où le feu des canons
Broya les habitans des fangeux cabanons.
A ces tableaux de deuil, de carnage, de honte,
L'œil se ternit, la voix manque à qui les raconte ;
Je faillis, je succombe aux récits que je dois,
La harpe funéraire échappe de mes doigts,
Cet aspect me poursuit comme un songe funeste :
Grâce pour ce feuillet, je dirai tout le reste.
Qu'on blanchisse ces murs, qu'on lave ces carreaux,
Apprêtez la civière et les noirs tombereaux ;
Déja depuis trois jours, par un calcul atroce,
Vous aviez mesuré la largeur de la fosse ; [7]

Hâtez-vous d'entasser tous ces débris humains

Dans le vaste cercueil que creusèrent vos mains.

Espérez-vous aussi, sous la tombe fermée

Ensevelir vos noms hideux de renommée?

C'est en vain; l'avenir, délateur éternel,

Pose son doigt brûlant au front du criminel;

L'homme peut quelquefois, conseillé par la crainte,

D'un attentat visible anéantir l'empreinte;

Dans sa profonde couche un cadavre inhumé,

Par la terre complice est bientôt consumé;

Mais, pour en dérober l'effrayante mémoire,

Dans un lit de chaux vive on n'étend pas l'histoire.

Déchirons, il est temps, ces fastes de bourreaux,

Sur des champs moins impurs cherchons d'autres héro

Ce déluge de sang doit-il noyer la France?

Non, voilà l'arc-en-ciel, le signe d'espérance [8]

Qui nous promet encore un splendide avenir;

Loin d'être submergés, nous allons rajeunir :

Voyez sur l'horizon l'astre saint qu'on implore !

Le voilà ! regardez le drapeau tricolore;

Place à lui dans les airs! Qu'on le suive des yeux

Le nouveau labarum qui monte vers les cieux !

Noble soie attachée au long fer d'une lance,

Oh! qu'elle est gracieuse à l'air qui la balance !

Comme ces trois couleurs forment sous le soleil

Un prisme éblouissant, un rayon sans pareil !

Jamais guidon royal, bannière châtelaine,

Oriflamme de pourpre, élevés dans la plaine,

Mieux que ce drapeau saint, animé par les vents,

Ne parlèrent aux yeux avec des traits vivans;

On dirait, à le voir luire comme une flamme,
Qu'un dieu le fit penser et le doua d'une ame,
Qu'il frissonne de joie alors qu'un vent léger
Sur le front des soldats le pousse à voltiger.
Comme un ruban d'honneur il décore une armée ;
Oh ! pour le saluer, naissant dans la fumée,
Il fallait, dans un jour mortel à l'ennemi,
Tout l'accompagnement des canons de Valmy.
Oublions tout, laissons sous le plomb tumulaire
Le crêpe de septembre et deux jours de colère ;
Le ciel est pour la France, et son soleil a lui,
Le ciel a pardonné, pardonnons comme lui.
Triomphe ! il est sauvé notre saint territoire !
Écoutons cet écho d'une double victoire,
Ce canon qui nous fait deux succès au lieu d'un,
Et chasse l'ennemi des portes de Verdun ;

Que Jemmape et Valmy, sous leur noble fumée,

Couvrent les corps sanglans d'une tombe fermée.

Dites-nous, aujourd'hui, si ce peuple arrogant

Qui se précipitait de Coblentz ou de Gand,

Sur tous nos grands chemins se frayant des issues,

Sanguinaire vengeur des injures reçues,

N'eût pas, après avoir triomphé dans Valmy,

Changé le deux septembre en Saint-Barthélemy?

Le meurtre, cette fois, n'eût pas porté sa hache

Sous d'étroites prisons où le crime se cache;

Conquis par l'étranger, tout Paris aux abois,

Eût vu d'autres Maillard, d'autres Collot-d'Herbois,

Bourreaux fleurdelisés qui, tels qu'au moyen âge,

Auraient sous le soleil promené le carnage,

Et sur le Carrousel, au monarque Bourbon,

Porté ces corps pourris qui *sentent toujours bon.* ⁹

C'est de ce jour que date un avenir si vaste;

Un bonheur de vingt ans suivit ce jour néfaste;

Ce sang, qui des cachots inonda les degrés,

Retomba sur le front des royaux émigrés;

Notre jeune étendard, radieux sur nos dômes,

Eleva sur le Rhin une frontière d'hommes,

De citoyens soldats, novices dans le rang,

Qui déja saisissaient la victoire en courant,

Et revenaient conter leur récente merveille

Au foyer paternel abandonné la veille.

On vit s'improviser sur un fécond chemin

Des chefs, soldats hier et généraux demain,

Qui, portant dans leurs yeux le compas et l'équerre,

Aux premières leçons avaient compris la guerre,

Deviné ce graud art où le sort orageux

Jette sur le tapis deux peuples pour enjeux.

Tout miracle fut fait ; harnais, chariots, tentes,

Fusils saisis tout chauds aux forges haletantes,

Canons aériens dans la plaine égarés,

Qui volent sur le front des bataillons carrés :

Tout surgit en un jour ; toute main militaire

Eut un fer pour chasser l'ennemi de sa terre ;

Toute armée eut le chef que son vœu demanda :

Kellermann, Dumouriez, Custines, Miranda, 10

Pléiade qu'à nos yeux tant de lustre décore ;

Tant d'autres dont les noms sont flamboyans encore,

Astres qui pour monter du terrain le plus bas,

N'attendaient en ces jours que le vent des combats.

L'ennemi qui venait sur nous, la tête fière,

S'arrêta tout-à-coup et fléchit en arrière ;

Brunswick, pâle témoin de nos premiers élans,

Déchira sa victoire écrite sur ses plans;

Car l'heure était venue où, partis de Jemmapes,

Nous allions visiter le monde par étapes,

Et couvrir sous les fleurs de nos arcs triomphaux

Le parfum qui montait du pied des échafauds.

NOTES

DE LA

SIXIÈME JOURNÉE.

NOTES

DU DEUX SEPTEMBRE.

LES MASCRES.

[1] « Comme si l'ouragan brûlait encor nos têtes. »

Il y a dans cette page quelques vers que *Némésis* avait empruntés aux *Douze Journées*, pour le 16 août de Varsovie, 2 septembre polonais.

[2] « On n'entend que ce cri : Paris est pris demain ! »

A cette époque, l'armée française réunie à Sedan, et privée d'un chef de confiance, paraissait incapable de résister à l'invasion. Le 20 août, Longwy avait été investi par les Prussiens; bombardé le 21, il capitule le 24. Le 30, Verdun subissait le même sort. Brunswick et l'émigration étaient sur la route ouverte de Paris; le manifeste de vengeance allait avoir son plein effet. Qu'on juge du désespoir des Parisiens!

[3] « IL FAUT FRAPPER UN COUP !... »

Ce fut le mot de Danton, à la nouvelle de l'approche de l'ennemi : ce mot fut répété, et il se rencontra des hommes qui lui donnèrent une extension criminelle qui peut-être n'était pas dans l'esprit de Danton. Mais l'heure était trop brûlante pour qu'on pût songer à raisonner sur une phrase symbolique. Ceux qui voulaient du sang l'expliquèrent selon leur horrible passion, et le 2 septembre fut fait.

4 « L'assassinat se lève et marche à l'Abbaye. »

La cloche de Saint-Germain-l'Auxerrois, qui sonna le grand 2 septembre de Charles IX, convoqua deux siècles après, par un tocsin nocturne, les assassins de l'Abbaye.

De l'Abbaye on se rua dans toutes les prisons de Paris, aux Carmes, à la Conciergerie, au Luxembourg, à la Salpêtrière, à Bicêtre, à la Force, à Saint-Firmin. Par-tout le meurtre y répéta les mêmes tableaux. Le peuple se porta aussi au Temple; mais là, devant le seuil même de la prison royale, la Commune avait fait tendre un ruban tricolore; chose étrange! ces hommes, enivrés et altérés de carnage, s'arrêtèrent devant cette frêle barrière comme devant un mur d'airain.

5 « Nul d'entre eux ne viendra dans ce lugubre enclos! »

Pendant ces effroyables égorgemens, l'Assemblée tenait ses séances ordinaires, et sur les rapports qui lui parvenaient à chaque instant, elle passait tranquillement à l'ordre du jour. Toutefois il est juste de dire que le ministre Roland s'éleva avec courage contre ces assassinats; au plus fort des massacres, il les dénonça à l'Assemblée et à la France; il requit même Santerre qui était alors à Versailles.

Péthion, Dussault, Bazire, Manuel, et d'autres magistrats ou Députés, essayèrent aussi de calmer la rage des exécuteurs; mais il leur fallut céder à la force; leur voix fut couverte par des huées, et ce n'est pas sans danger pour eux-mêmes qu'ils parvinrent à sauver quelques prisonniers. En un mot, l'Assemblée était impuissante, elle demeura spectatrice. La formidable Commune seule pouvait tout et ordonnait tout.

Les relations sur ces désastreuses journées varient beaucoup sur le nombre des prisonniers massacrés. Prudhomme affirme que le nombre des morts ne s'est pas élevé au-dessus de mille quatre cent trente-trois, tandis que Saint-Méard, auteur de l'*Agonie de trente-six heures*, le fait monter à douze mille huit cent quarante-sept. M. Thiers l'évalue de six à douze mille. Dans la séance des Jacobins du 13 février 1793, Dufourny déposa sur le bureau du président une liste des personnes massacrées en septembre ; leur nombre s'élevait à mille soixante-dix-neuf.

Des recherches même assidues n'amèneraient peut-être aucun éclaircissement sur ce sujet. Il serait difficile aujourd'hui de fixer un chiffre exact sur le nombre des victimes, à cause de la partialité des auteurs contemporains.

D'après les auteurs cités par Montgaillard, les victimes de la Saint-Barthélemy s'élevèrent dans toute la France à cinquante mille. Sully, ministre d'Henri IV, évalue leur nombre à soixante-dix mille.

⁶ « La foule bat des mains devant Billaud-Varenne. »

Billaud-Varennes, revêtu de son écharpe, encourageait les massacreurs. « Peuple, disait-il, tu égorges des scélérats, tu sauves la « patrie, tu fais ton devoir. »

⁷ « Vous aviez mesuré la largeur de la fosse. »

Quand le our des massacres fut fixé, on chercha des sépulcres assez larges pour contenir la foule des cadavres ; Hébert visita lui-même, et désigna, à cet effet, les vastes excavations de Mont-Rouge. En même temps, et par la même préméditation, on avait eu soin de rassembler une quantité suffisante de chaux, de balais, de tombereaux, pour consommer régulièrement ces immenses funérailles.

[8] « Non, voilà l'arc-en-ciel, le signe d'espérance. »

Le drapeau tricolore allait faire sa première apparition victorieuse à Valmy et plus tard à Jemmapes : c'était son début.

[9] « Ces corps pourris qui *sentent toujours bon.* »

Allusion au mot connu d'un roi de France : Le corps d'un ennemi sent toujours bon.

[10] « Kellermann, Dumouriez, Custines, Miranda,
« Pléiade qu'à nos yeux tant de lustre décore... »

Parmi ces hommes, il en est un qui fut terni par la défection, un autre qui périt sur l'échafaud, accusé de trahison ; mais alors ils étaient tous grands et purs.

INTRODUCTION

A LA SEPTIÈME JOURNÉE.

L'Assemblée législative avait décrété sa dissolution pour le vingt septembre; elle devait céder la place à une nouvelle représentation nationale qui fût à la hauteur des périls du moment. La CONVENTION, de forte et terrible mémoire, accepta l'orageux héritage de la *Législative*, et ouvrit sa première séance au palais des Tuileries, encore tout noirci par la fumée du 10 août.

La Convention avait une tâche immense à remplir; elle la remplit jusqu'à la fin, avec un héroïsme, un dévouement, une abnégation qui ne trouvent aucun antécédent de comparaison dans toutes les histoires. Elle régnante, nos soldats, forts de son énergie et de leur patriotisme, brûlèrent le manifeste du duc de Brunswick, et chassèrent l'ennemi de notre territoire. Il ne devait y reparaître que vingt-trois ans après!

La Convention, en proclamant la république, se souvint de son royal prisonnier : c'était peu pour elle d'abolir la royauté, elle se donna le droit d'abolir le monarque. Louis XVI comparut à la barre des Représentans, et fut condamné à mort.

Il était dans l'ordre que cette condamnation fût regardée comme un crime colossal par les hommes de Coblentz et de Worms, par ces mêmes émigrés qui avaient dressé l'échafaud de leur roi; mais l'histoire qui n'attend aucune indemnité pour prix de ses pleurs et de ses expiations, l'histoire impartiale ne flétrira pas les quatre cent soixante jurés qui votèrent la mort. Ce grand nombre de votans garantit la conscience de tous. Trois hommes assis sur une estrade, poussés par l'instinct du sang, peuvent faire tomber la tête d'un accusé avec une horrible passion; mais on ne pourra jamais démontrer qu'il se soit rencontré quatre cent soixante juges, l'élite de la France, parfaitement unis dans cette communauté d'instinct sanguinaire. Cet appétit du tigre dans les entrailles de l'homme est un phénomène d'organisation qu'on peut supposer chez quelques rares individus, et jamais dans les masses. Les mesquins appréciateurs des grands événemens, gens peu connaisseurs des hommes révolutionnaires et de leur époque, ont cru tout concilier en attribuant à *la peur* le vote du plus grand nombre. *La peur* et *la Convention!* jamais on n'associera ces deux mots.

L'auteur de ces poëmes avait à raconter cette grande Élégie, il l'a fait sans haine et sans récriminations. Qui oserait accuser et maudire quand l'échafaud est dressé?

SEPTIÈME
JOURNÉE.

21 JANVIER 1793.

LA MORT DE LOUIS XVI.

> La couronne des rois est un cercle de pointes ;
> Ils offrent un aimant à l'éclair sulfureux ;
> Dès que la foudre passe, elle tombe sur eux.
> (Septième Journée.)

MÉDITATION.

Vieille de six mille ans, cette terre usurpée,

Terre, de tant de pleurs, de tant de sang trempée,

N'est qu'un vaste sépulcre où la main des puissans

A toujours englouti les peuples innocens ;

Planète de malheur, les rois l'ont parcourue

En poussant au hasard leur brutale charrue,

En laissant après eux, sur les champs dévastés,

Des ruines sans nom qui furent des cités.

Et sur tant de cités que le sang a rougies,

Quelle voix murmura de sombres élégies !

Les avons-nous pleurés ces peuples, expirans

Sous le large marteau des royaux conquérans ?

La date de leur mort nous est-elle connue ?

Palmyre pleure encor dans sa campagne nue ;

Et nous ne savons pas quel prince assyrien,

En détruisant, créa ce magnifique rien.

Oui, quand devant les rois des nations entières

S'abîment dans leurs champs creusés en cimetières,

Jamais une épitaphe, inscrite au grand chemin,

Du grand jour de leur mort n'instruit le genre humain ;

Mais, lorsque après mille ans d'une immense hécatombe,

Après vingt peuples morts, la tête d'un roi tombe,

Oh! l'histoire dolente enregistre avec soin

L'attentat colossal dont elle fut témoin;

Elle impose des pleurs à tout sexe, à tout âge;

Le père lègue au fils ce deuil en héritage,

Et la date accolée à ce royal trépas

Est un spectre éternel qu'on trouve à chaque pas.

Faut-il donc qu'en regrets notre voix retentisse?

Enfants! nous blasphémons la suprême Justice;

Pourquoi tant de pitié? Silence! Bénissons

La main qui de si haut fait tomber ses leçons :

Le ciel vengeur du peuple, et jaloux qu'on le craigne,

Punit la royauté sans s'informer qui règne.

L'un à l'autre les rois, craignons de l'oublier,

Par chaînons fraternels ont voulu se lier;

En se targuant ainsi de droits héréditaires,

Des forfaits de leur race ils sont tous solidaires;

S'il faut en punir un pour le crime de cent,

Qu'importe que le sort tombe au plus innocent?

Quand le tonnerre est prêt, le bras fort qui le lance

Ne va pas peser l'homme à sa juste balance;

Que la leçon se donne, il suffit; le hasard

En frappant un Titus épargne un Balthasard.

Ils ne l'ignorent pas : ces grandeurs couronnées

Pressentent nuit et jour de noires destinées.

Dans le gobelet d'or que remplit l'échanson,

En buvant l'hypocras ils boivent le soupçon.

Jusque dans le sommeil, leurs terreurs occupées

Tâtent des assassins et des pointes d'épées.

Ils ont trop lu l'histoire, hélas! pour leur malheur;

Les dénouemens passés leur présagent le leur;

LA MORT DE LOUIS XVI. 205

Un glaive pend toujours sur les têtes régnantes,

Et la moitié des rois meurent de morts saignantes. ¹

Ils ont beau se vêtir de cuirasses d'airain ;

Quand leur dernier jour sonne au cadran souverain,

Le spectre inexorable entre sous leur alcôve ;

Piété, repentir, vertus, rien ne les sauve :

En vain, l'ame abattue et le frisson au sang,

Dès que sur leur palais un nuage descend,

Vers le ciel électrique ils tendent les mains jointes :

La couronne des rois est un cercle de pointes ;

Ils offrent un aimant à l'éclair sulfureux ;

Dès que la foudre passe, elle tombe sur eux.

Ainsi, plus de douleurs, lorsque l'an nous ramène

Du funèbre janvier la troisième semaine ;

Donnons une pensée à de royaux malheurs,

Qu'on ne voie à nos fronts ni sourire ni pleurs,

Ne faisons pas sortir de cette grave histoire

Ou le chant triomphal ou l'hymne expiatoire;

Cette page de deuil, il faut la dérouler

Pour instruire le peuple et pour le consoler.

RÉCIT.

Vingt-un janvier! quatre ans de dévorante crise

Sont écoulés depuis que la Bastille est prise,

Et Louis vit encore! oh! quelle hostile main

L'empêcha de heurter les écueils du chemin?

N'a-t-il pu dans ce cours de douleurs infinies

Trouver un jour de mort en quatre ans d'agonies?

Quel invisible esprit de l'abîme venu,

De ses ailes de fer protégea son sein nu?

Quand, sous la sombre nuit, les bacchantes des halles

Troublèrent Trianon de leurs voix gutturales,

Quelle triste faveur du destin ennemi

Vint réveiller sitôt Lafayette endormi?

Malheureux! quand fuyant la pourpre souveraine

Il se vit au château ramener de Varenne,

Le long des boulevarts quel bras le défendit?

Pourquoi toujours encor, même bonheur maudit,

Quand au milieu d'un peuple ivre d'impatience

La bouche d'un canon demandait audience?

Et dans ce dernier jour de choc universel

Où le sang dans le feu coulait au Carrousel,

A l'heure où de sa mort la populace avide

En forçant le palais trouva le trône vide?

Et dans septembre enfin, juste cinq mois avant,

Pourquoi dans sa prison a-t-il dormi vivant?

Quand le bras assassin, que la nuit sombre anime,

Laissait au fond des cœurs le poignard anonime,

En ces deux jours de sang, où ce peuple en courroux,

Effrayant magistrat, vint lever les écrous,

Et, des guichets de fer forçant la noire issue ;

Asséna sur les fronts le sabre et la massue,

Pourquoi, pourquoi le meurtre à la gueule sans frein

Dans un faible ruban trouva son mur d'airain ?

D'où vient qu'en l'effleurant la foudre se dissipe ?

Que n'a-t-il disparu, comme l'aveugle OEdipe,

Déraciné du trône, emporté loin du sol

Par l'ouragan du peuple au gigantesque vol !

Il le fallait ainsi : quelque accident qu'on trame,

Les rois ne meurent pas avant la fin du drame ;

Monarque invulnérable au centre des débris,

Un infernal pouvoir gardait ses jours proscrits ;

La sinistre Commune habile dans sa haine

Le nourrissait vivant pour la publique arène ;

C'était peu qu'il mourût : il fallait qu'un sénat
Prononçât le supplice et non l'assassinat.

LE JUGEMENT.

Voici la grande scène où le drame s'explique :
Voici la Royauté devant la République.
Il est nuit ; mais jamais en face du soleil [2]
Ne s'ouvrit plus terrible un suprême conseil ;
Nul souvenir des temps, nulle histoire qui nomme
Tant d'hommes rassemblés pour juger un seul homme. [3]
Sur les triples gradins qui heurtent le plafond
La foule, à flots massifs s'étage et se confond ;
Les bonnets phrygiens rougissent les tribunes ;
On voit flamber des yeux sous des paupières brunes,
On voit saillir des fronts qu'une vague lueur
Révèle tout luisans de vin et de sueur.

Ornemens obligés des séances fatales,

Parmi ces groupes noirs surgissent dans les stalles

Des femmes au teint pur, debout aux premiers rangs,

Mélange gracieux de cheveux odorans,

De robes de velours, d'émeraudes luisantes,

De parures d'hiver aux formes séduisantes,

De tout ce qu'inventa de chefs-d'œuvre nouveaux

La mode qui riait devant les échafauds :

Elles sont là, pour voir, pour entendre et pour plaire;

D'un rayon solennel le lustre les éclaire,

Il met en relief dans ses reflets tremblans

Leur gorge de satin et leurs bras nus et blancs;

Puis, la pâle lueur qui tombe et diminue

Comme un éclair lointain rejailli de la nue,

Glisse au fond de la salle, où les Représentans

Agitent leur écharpe et leurs plumets flottans,

Et ce livide jour qui nage dans les ombres

Blanchit sur un fond noir tous ces visages sombres.

Un mélange de voix, orchestre rauque et sourd,

Pareil au roulement d'un tombereau qui court;

La foule qui, hâtant l'heure du sacrifice,

Bat de ses flots épais les flancs de l'édifice;

Les pas tumultueux froissant les corridors;

Les appels de l'huissier, les clameurs du dehors,

L'heure, la nuit d'hiver, les ombres : tout imprime

A ce tableau sans nom une teinte sublime.

Mille voix ont sonné le redoutable instant,

Puis tout se tait : voilà l'accusé qu'on attend,

Le roi, voilà le roi ! sa misère est complète;

Un impassible huissier lui montre la sellette;

Un président s'adresse au royal prévenu,

Lui demande son nom comme un nom inconnu,

Et, résumant l'avis du terrible prétoire,

Lui permet de s'asseoir pour l'interrogatoire.

Oh! ne le suivons point dans ces tristes débats

Où le peuple est si haut et le trône si bas;

Hâtons-nous; déployons la scène décisive

Où chaque Député, l'œil creux, l'ame pensive,

Devant un peuple entier, jette à l'urne du sort

La syllabe qui donne ou la vie ou la mort.

Déja la Plaine tremble et la Montagne gronde,

Un vent semble rouler la flottante Gironde;

Hommes irrésolus, dans leurs vœux délirans,

Hier encore ils criaient : Anathème aux tyrans !

Tant que pour contenter d'éblouissans prestiges,

Il leur fallut du trône effacer les vestiges,

Louis ne fut qu'un homme; et consternés d'effroi,

Au moment de frapper ils songent qu'il fut roi;

LA MORT DE LOUIS XVI.

Le cri de la pitié dans leur ame française

Plaide mieux aujourd'hui que Tronchet et Desèze;

Leur audace a pâli : comme ces nécromans

Qui, la nuit, évoquaient de confus ossemens,

Et qui mettaient de peur la main sur la paupière

Quand le spectre attendu se dressait de la pierre,

Devant leur propre ouvrage ils baissent le regard;

Fraternels Girondins ! vos yeux s'ouvrent trop tard,

Ce n'est plus désormais l'heure des théories;

Le jour que votre pied heurta les Tuileries,

De cet âpre sentier vous deviez voir le bout,

Il fallait reculer, la veille du dix août.

Ceux qui de la Montagne illuminent la crête

Ont marché comme vous; mais rien ne les arrête;

En partant, ils ont dit : Silence à tous remords !

Leur monument futur sera pavé de morts;

Qu'importe! pour qu'un jour leur empire se fonde,

Ils sont prêts, s'il le faut, à décimer le monde;

L'arbre républicain que leurs bras ont planté,

Pour monter vers les cieux doit être ensanglanté;

Ils seront aujourd'hui, dans leur terrible office,

Durs, froids comme le fer qui sert au sacrifice,

Et d'un doigt inflexible indiquant l'échafaud,

Debout sur leur Montagne ils diront : Il le faut!

Ils sont tous là, groupés dans une attente sombre;

Le peuple les connaît, et son doigt les dénombre;

C'est le sage Carnot, général et tribun,

Qui doit veiller bientôt pour le salut commun;

Dubois-Crancé qu'attend un renom funéraire;

Voici les deux Merlin; puis Chabot; puis Barrère,

Qui, rhéteur homicide et bourreau caressant,

Mêle dans ses discours le miel avec le sang;

Tallien dont la voix fut toujours obéie;

Billaud, fumant encor du sang de l'Abbaye;

Collot-d'Herbois assis à côté de Bourdon;

Fouché qui de son code a rayé le pardon;

Le squalide Marat, ame cadavéreuse,

Qui promet tant de morts à la fosse qu'il creuse;

Et Chénier, qui, chargé du glaive de la loi,

Se souvient que Milton fut le juge d'un roi. [4]

Là se montrent aussi sur la cime vivante

Trois hommes enlacés, trinité d'épouvante,

Destructeurs qui, montés sur un monde nouveau,

Élèvent dans leurs mains la hache et le niveau :

Couthon qui, dans ce jour consacrant sa doctrine,

Tousse un arrêt de mort, de sa faible poitrine;

L'extatique Saint-Just, aux courageux frissons; [5]

Et le froid Robespierre escorté de soupçons,

Qui porte dans son œil et sa figure blême
De son plan d'avenir l'indicible problème.
Ils sont tous trois, vivans avec la flamme au front ;
Qui dirait qu'avant peu leurs têtes tomberont?

L'impérissable vote à cette heure commence,
Escorté des clameurs d'un auditoire immense ;
Chaque juge du roi de son siège descend
Pour frapper le coupable ou sauver l'innocent ;
Debout à la tribune où la sentence flotte
Il dit quelle raison a décidé son vote ;
Tant qu'il parle, sa voix recueillie avec soin
Frappe la voûte calme et retentit au loin ;
Puis, selon qu'il retire ou qu'il cède la proie,
Le peuple ardent rugit de fureur ou de joie ;

Et cet immense écho, ce tonnerre de cris
Portent sept cents arrêts dans le vaste Paris.

Tout est fait; chaque vote est déposé dans l'urne,
Le lustre va s'éteindre, et la scène nocturne
N'a qu'une lueur vague, un rayon incertain,
Crépuscule d'hiver qui se lie au matin.
Un long cri de terreur parcourt le péristyle :
Quel ami vient prêter un secours inutile?
C'est un juge mourant descendu de son lit;[6]
Il entr'ouvre à deux mains la foule qui pâlit;
Tel que ces spectres blancs qui, vêtus de suaires,
Parcourent à minuit les pieux ossuaires,
Il entre, en étalant ces nocturnes bandeaux
Qui chargent le malade à l'ombre des rideaux;

Le fantôme imposant étend sa main glacée,

Et la foule liquide est soudain condensée,

Et tous ont écouté, dans un morne repos,

Ce souffle solennel qui murmure des mots,

Cette voix formidable à la tombe ravie

Qui sème pour le roi des paroles de vie.

Voilà le dernier vote ; il tombe d'un linceul ;

Les arrêts de chacun réunis en un seul,

Au milieu des horreurs d'un lugubre silence

Vont charger les bassins d'une double balance ;

Tous les yeux de la foule envisagent de près

Le calme président qui suspend les arrêts :

Alors un des plateaux de la balance austère

S'incline avec lenteur et descend vers la terre ;

Là, pèsent de la mort les mots silencieux :

Le côté de la vie est monté vers les cieux.

LE DERNIER JOUR.

Dans le Temple aux froides murailles,

O vous, ses derniers courtisans,

Chantez l'hymne des funérailles,

Le psaume des agonisans.

Chantez sous la funèbre voûte

La prose lente de l'absoute;

Qu'il entende un cortége ami;

Que vos voix frappent son oreille,

Que ce triste concert l'éveille;

Car le roi de France a dormi!

Lorsque la sentence est signée,

Que le jour suprême est venu,

Une victime résignée

Sait tendre au bourreau son cou nu.

Le roi, que la révolte enferme,

N'avait pas su d'une main ferme

Tirer son vieux glaive et sortir.

Le chrétien à la foi bénie,

Dort son bon sommeil d'agonie

Avec le calme du martyr.

Homme né pour un monastère !

Maudis les malheurs de ton sang ;

Maudis le droit héréditaire

Qui te fit monarque en naissant.

Il te fallait la vie heureuse,

Le toit calme d'une Chartreuse,

LA MORT DE LOUIS XVI.

Les concerts de l'hymne sans fin,
La cellule où la paix habite,
Et les travaux du cénobite
Sous les ailes du séraphin.

Quel deuil dans la prison du Temple !
Auprès du lit où le roi dort,
Le saint prêtre qui le contemple
Psalmodie un verset de mort ;
Les pleurs couraient à sa paupière ;
Il commençait une prière,
Qu'un bon serviteur achevait.
Puis le roi s'éveilla sans crainte,
Laissant une dernière empreinte
Sur l'édredon de son chevet.

Un bruit sourd retentit dans les noires tourelles,

Le vieux manoir du Temple agite son beffroi;

Les grilles, en grinçant, se disputent entre elles.

Qui frappe? C'est la Mort qui vient chercher le roi.

Le roi se léve, il rit au jour qui le délivre,

Pour les ciseaux de mort soigne ses cheveux longs;

Il met ses vêtemens comme s'il devait vivre,

Et donne avec fierté le dernier ordre : ALLONS!

Et son char funèbre roule,

Comme un ondoyant cercueil

Que la populeuse houle

Va briser contre un écueil.

LA MORT DE LOUIS XVI.

Vers la sinistre portière
Se presse la ville entière,
Et dans ce cadre flottant
On voit par la vitre basse
La tête du roi qui passe :
C'est la tête qu'on attend.

Des cavaliers, au pas leste,
Alignés sur son chemin,
Tous vêtus de bleu céleste,
Marchent le mousquet en main.
Santerre, qui le protège,
A requis pour le cortége
Dix archers le sabre haut.
On voit s'avancer en tête

SEPTIÈME JOURNÉE.

Ces messagers d'une fête
Qui finit à l'échafaud.

A cet effrayant mélange
D'hommes sortis des faubourgs,
Se joint la vieille phalange
Qui marche au pas des tambours;
Ceux que le dix août vit naître,
Ceux qui se firent connaître
Au grand assaut du palais;
Ceux qui d'une main hardie
Allument un incendie
Avec le feu marseillais.

LA MORT DE LOUIS XVI.

Ainsi qu'au front d'une armée,

Pourquoi dans ces rangs confus

Les canons, méche allumée,

Vont roulant sur leurs affûts?

Hélas! quand son heure sonne,

On ne voit venir personne

Au secours du souverain.

Éteignez la méche ardente,

Car sa noblesse prudente

Est assise aux bords du Rhin.

La pluvieuse Lutèce,

Pour ce jour sans lendemain,

A pris ce ciel de tristesse

Que l'on touche avec la main;

Sous les branches effeuillées,

Et que la brume a mouillées,

Se glisse un vent refroidi;

C'est le deuil d'une tempête,

C'est la nuit sombre qui prête

Ses ténèbres à midi.

Déja la funèbre escorte,

Dans ce nocturne matin,

A franchi la double porte

Saint-Denis et Saint-Martin;

Le boulevart se déroule

Aux yeux de l'immense foule

Longeant les sentiers étroits;

Et le char enfin s'arrête,

Avec sa victime prête,

Devant le château des rois.

Oh ! que d'hommes armés ! cette place où l'on tue
C'est celle où Louis-Quinze avait une statue ;
Ce beau marbre est tombé sous le marteau fatal,
Il n'en reste plus rien qu'un hideux piédestal,
Un grand socle de bois ; eh bien ! on le destine
Au roi..... Fermez les yeux, voilà la guillotine !
C'est elle ! et que ce nom par la plume tracé
Avec l'humaine voix ne soit pas prononcé !
Le roi vient ; nul ami sur la place publique
Ne l'a suivi, sinon un prêtre catholique,
Qui, devant lui marchant au funeste escalier,
Serre encore une fois ses mains qu'on va lier,

Lui présente le Christ et du doigt le convie

A ces cieux éternels palais de l'autre vie;

Consolante parole et suprême entretien

Qui donne tant de vie à la mort du chrétien !

Tout est donc prêt; le roi monte à son dernier trône,

Contemple froidement la Cour qui l'environne;

Il s'apprête à parler : un pouvoir surhumain

A des quatre bourreaux paralysé la main;

Tout-à-coup une voix sortant de dessous terre

Retentit à la place où commandait Santerre,

Et cette voix disait : Bourreau ! fais ton devoir !

Alors tout œil est fixe et regarde sans voir;

On touche le chaînon de la hache plombée...

Dites ! quel est ce bruit ? Une tête est tombée !

L'homme exterminateur la tient par les cheveux,

Vive et tremblante encor d'un mouvement nerveux;

LA MORT DE LOUIS XVI.

Ainsi brillait jadis, suspendue et coupée,

Une médaille d'or à sa gloire frappée.

Quatre fois le licteur, aux coins de l'échafaud,

Montre au peuple béant ce trophée encor chaud;

Et ce hideux aspect qu'à dessein il prolonge

Atteste quatre fois que ce n'est point un songe,

Que cent mille Français, témoins de ce trépas,

En conteront l'histoire et ne mentiront pas.

En même temps un homme à la face inconnue

Bondit sur l'échafaud, fouille de sa main nue

L'égout du sang royal ; de ses doigts palpitans

Le secoue avec rage au front des assistans;

Et le peuple enivré, défiant l'anathème,

Accepte en rugissant cet horrible baptême.

Cependant, que fesait ce conseil orageux
Qui conviait alors le peuple à de tels jeux?
Qu'ont-ils dit ces tribuns à la sentence brève?
Peut-être ont-ils cru voir comme en un triste rêve
Sur le seuil de leur porte où veille le canon
Le roi décapité qui les menace? Non;
Non, rien n'a détrempé leur impavide audace;
Les stoïques tribuns siégent tous à leur place,
Nul signe délateur de crainte ou de remords
N'a trahi sur leur front ce qui s'est fait dehors;
Ils avaient décrété la mort; l'œuvre finie,
Que leur font les détails d'une longue agonie?
Quand l'huissier du sénat, à la hâte arrivé,
Vint faire le récit du grand drame achevé,

LA MORT DE LOUIS XVI.

D'une voix dédaigneuse on lui dit de se taire,

Et de ne pas troubler l'ordre parlementaire.

La salle est sans écho pour la joie ou le deuil ;

Sublime d'arrogance, héroïsme d'orgueil !

Au moment où l'on croit que leur humble prière

Va demander pardon à l'Europe guerrière,

Va conjurer les coups que préparent les rois,

Ils ajoutent un titre au grand livre des lois,

Et le premier décret que leur conseil décide

Inscrit au Panthéon le nom d'un régicide. [7]

NOTES

DE LA

SEPTIÈME JOURNÉE.

NOTES

DU VINGT-UN JANVIER.

LA MORT DE LOUIS XVI.

[1] « Un glaive pend toujours sur les têtes régnantes,
« Et la moitié des rois meurent de morts saignantes. »

Ceci est une imitation de ces magnifiques vers de Juvénal :

Ad generum Cereris, sine cæde et vulnere, pauci
Descendunt reges et siccâ morte tyranni.

[2] « Il est nuit....... »

Ici le poëte, pour hâter la marche du drame, s'est fait le droit de résumer toutes les séances du jugement en une seule. Le quatrième appel nominal (question du sursis) ne fut terminé qu'à trois heures après minuit.

[3] « Nul souvenir des temps, nulle histoire qui nomme
« Tant d'hommes rassemblés pour juger un seul
homme. »

La Convention nationale était composée le 20 janvier de sept cent quarante-neuf membres, dont vingt-huit absens. Les sept cent vingt-une voix qui restaient furent ainsi réparties : pour *la mort*, trois cent quatre-vingt-sept ; pour la *détention*, *les fers* ou la mort *conditionnelle*, trois cent trente-quatre. Jamais sentence capitale n'avait été prononcée par un si nombreux tribunal. Les juges qui condamnèrent à mort Charles Stuart n'étaient qu'au nombre de soixante-dix.

[4] « Chénier......
« Se souvient que Milton fut le juge d'un roi. »

On sait que le poëte Milton vota pour la peine capitale dans le procès du roi d'Angleterre.

[5] « L'extatique Saint-Just, aux courageux frissons. »

On dit que Saint-Just, homme d'un courage moral si énergique, frissonnait involontairement au sifflement des balles.

[6] « C'est un juge mourant descendu de son lit. »

Son nom est Duchastel. Il vota pour le bannissement : ce vote motiva sa condamnation à mort dans le grand procès des Girondins : il périt avec eux le 31 octobre 1793.

[7] « Inscrit au Panthéon le nom d'un régicide. »

L'assassinat de Lepelletier-Saint-Fargeau est devenu une histoire populaire. Son vote lui coûta la vie. Il fut poignardé par l'ex-garde-du-corps Pâris, dans un restaurant du Palais-Royal. Le jour même de l'exécution du roi, la Convention décréta les honneurs du Panthéon pour le représentant régicide.

INTRODUCTION
A LA HUITIÈME JOURNÉE.

Les Girondins formaient le parti modéré dans la Convention nationale; le talent de leurs chefs domina cette assemblée, tant que la République n'eut que des périls ordinaires à braver. Sans la crainte toujours renaissante de l'invasion étrangère, sans la tourmente et la ténacité des complots intérieurs, sans l'insurrection vendéenne, les Girondins eussent mené à bien les affaires de la République. Il y avait chez eux, patriotisme, lumières, dévouement, abnégation, courage, tout ce qu'il fallait pour traverser avec bonheur les orages qui naissent avec les nouvelles constitutions d'un pays; mais il leur répugna de donner leur sanction à ce caractère d'atrocité où des dangers inouïs semblaient pousser les Montagnards. Il est des époques, heureusement fort rares, où la vertu timide, celle qui a foi aux lois inaliénables de l'humanité, la vertu qui aime mieux se faire un échafaud pour elle que pour les autres, peut être présentée comme crime et trahison, aux peuples étourdis de calamités; c'est ce qui arriva aux Girondins; ils furent les victimes des circonstances plutôt que des hommes. Ils croyaient, eux, avec toute la bonne foi de leur patriotisme, que les mesures ordinaires de répression suffisaient en des cas extraordinaires; l'événement les aurait justifiés peut-être, s'il leur eût été donné d'attendre l'événement; mais leurs formidables ennemis les Montagnards, qui n'avaient foi qu'aux échafauds, les perdirent facilement dans l'esprit du peuple;[1] car le peuple, lui, voulait être sauvé à tout prix, et, le bandeau du péril sur les yeux, il n'entrevoyait son salut que dans la terreur. Les Girondins furent sacrifiés.

Ils tombèrent ces hommes forts et généreux, non pas victimes des Montagnards, comme le disent les appréciateurs superficiels, mais victimes de la Vendée follement insurgée par des nobles qui se servaient de stupides paysans pour recouvrer leurs titres perdus; victimes de l'émigration armée qui embauchait à l'ennemi; victimes de cette inexplicable fatalité, de ce désolant vertige, qui pèsent sur un peuple aux jours des grands désastres, et lui donnent une raison spéciale, qu'on appelle folie dès que les jours calmes sont revenus.

[1] Par *peuple* j'entends ici, comme en d'autres passages antérieurs, cette masse énergique, orageuse, incessamment active, qui prenait une part directe aux affaires législatives, quoique sa tribune fût dans la rue; elle influençait l'Assemblée, et, par contre-coup, elle était à la disposition des chefs jacobins les plus audacieux.

HUITIÈME
JOURNÉE.

31 MAI 1793.

LES GIRONDINS.[1]

<blockquote>
Fit scelus, indulgens per nubila tempora virtus.
(Sil. Ital.)
</blockquote>

LA CONCIERGERIE.

Soldats de la tribune, après une défaite,

Ils vivaient pour la mort, comme pour une fête.

Ils sont vingt-un ; un seul semble faire défaut,

Son fidèle poignard crut tromper l'échafaud ;[2]

Mais son spectre sanglant soustrait à l'infamie,

Sans doute, plane encor sur cette troupe amie.

Au bruit de cent verrous, sous ces caveaux épais,

Ces hommes sans espoir sont rayonnans de paix;

Ils sont fiers de penser qu'aux jours de leur fortune,

Leur fleuve d'éloquence inondait la tribune,

Que dans tous les combats ils ont marché debout,

Que leurs noms sont inscrits au vingt juin, au dix août.

Depuis l'heure où le peuple arbitre de l'arène

Fit le geste fatal de sa main souveraine,

Nobles gladiateurs, en face du trépas

Ils présentent la gorge et ne murmurent pas.

L'arbre de liberté que Robespierre plante

Eut donc jusqu'à ce jour une séve trop lente!

Il voulut, sur le tronc, par lui mis à niveau,

Trancher du même coup les guis de l'an nouveau,

LES GIRONDINS.

Rameaux dégénérés, dont la tige inféconde

Jaillissait de l'écorce, au vent de la Gironde.

A demain donc le jour du plus grand des convois :

Le couteau vers le ciel remontera vingt fois!!

Au Palais, dont la mort a fait son vestibule,

Ils étaient réunis dans leur sombre cellule;

C'était leur nuit dernière : au long repas du soir

Tous ces agonisans étaient venus s'asseoir;

Demain, vers l'échafaud, la noire populace

Se heurtera pour voir, à la première place;

Eux, tranquilles acteurs du sanglant lendemain,

S'apprêtaient en riant à faire le chemin.

Quand le timbre infernal qui, dans les cachots pleure,

Du dernier jour d'octobre ouvrit la première heure,

Le calme Vergniaud qui, dans l'affreux moment,

Loin de craindre la mort l'attendait en dormant,

Sur un siége de bois, trépied de son génie,

Se leva tout brûlé du feu de l'agonie ;

Cygne mélodieux qui jette un dernier chant !

Triste rayon d'adieu d'un soleil au couchant !

Il leur dit : « Dans ces lieux où l'amitié réside,

« Qu'une dernière fois Vergniaud vous préside ;

« Nous n'avons dans le cœur ni crimes ni remords,

« Soyons joyeux ; demain nous serons chez les morts ;[3]

« Frères ! vous tous, si pleins de jeunesse et de vie,

« A ce dernier festin Vergniaud vous convie ;

« L'échafaud sera large, et pour s'y voir admis

« Il faut être, demain, purs comme mes amis.

« Le jour où je parlai des enfans de Saturne [4]

« J'avais bien entrevu cette fête nocturne ;

« Fils de la liberté, chacun de nous, martyr,

« Dans le sein maternel doit aller s'engloutir.

« Il le fallait ainsi : quand la voix des comices

« M'eut jeté, jeune encore, aux orageuses lices,

« L'avenir m'était clair; d'avance je savais

« Que je livrais ma vie à des jours bien mauvais,

« Qu'il fallait, tôt ou tard, dans ce terrible office,

« Porter comme un support ma tête à l'édifice,

« Et que mon sang si pur coulerait tout fumant

« Comme l'eau qu'on épanche et qu'on mêle au ciment.

« L'édifice nouveau que ce siècle commence,

« N'est pas l'œuvre d'un jour : c'est un travail immense,

« C'est un monde à bâtir, un de ces monumens

« Dont on pave le seuil avec des ossemens,

« Afin que nos neveux voyant le sang qu'il coûte,

« Le sang qui le rougit de la base à la voûte,

« S'inclinent de respect, et gardent à genoux

« Cet héritage saint qu'ils reçoivent de nous.

« De quel prix serait-elle au siècle qui va naître,

« Si cette liberté que nous fîmes connaître

« N'avait pas attaché la ceinture à nos reins,

« Si son vol eût trouvé des cieux toujours sereins?

« Eh bien! puisqu'à nous seuls sont échus les beaux rôles

« D'allumer son autel au feu de nos paroles,

« De rendre témoignage, au prix de notre sang,

« A la sainte déesse, à son culte naissant,

« Martyrs des premiers jours, acceptons notre tâche,

« Tendons un cou soumis au tranchant de la hache,

« Et que sur la légende un pieux souvenir

« Recueille les vingt noms qu'un jour on doit bénir.

« Pourquoi nous plaindre enfin? La phalange d'élite

« Seule, depuis deux ans, qui harangue et milite

« Devait, sur l'échafaud où bientôt nous allons,

« Ensanglanter gaîment les premiers échelons.

« C'était là notre sort : cette grande secousse

« Qui rassemble nos morts nous fait la mort plus douce;

« Nous tombons en famille, en nous serrant la main,

« Et quand le victimaire apparaîtra demain,

« Assis aux mêmes bancs de son char, il me semble

« Que nous allons sortir pour voyager ensemble,

« Et, qu'entourés partout de visages amis,

« Nul de nous ne verra cet échafaud promis.

« Je pouvais m'échapper à cette heure suprême,

« Me séparer de vous, amis, cette nuit même,

« Non comme un criminel qui, trompant son geôlier,

« Gagne l'abri sauveur d'un furtif escalier;

« Mais en homme indigné qui veut ravir sa tête

« Au bourreau qui la tranche, au peuple qui l'achète;

« Et les trompant tous deux du fond de sa prison

« Pour mourir, libre et pur avale du poison :

« Ce poison, le voilà; l'espérance bannie, [5]

« J'avais gardé pour moi ce trésor d'agonie;

« Breuvage pour un seul, il ne nous suffit pas

« Pour nous échapper tous dans un commun trépas;

« Chacun de nous ne peut avec la même audace

« Boire sa part de mort dans une même tasse;

« Abattus à demi par ce poison trompeur,

« Nos sens seraient frappés d'une lourde torpeur,

« Et demain, au moment de terminer le drame,

« Notre débile corps calomnîrait notre ame;

« Non; nous devons monter sur les rouges gradins,

« Nerveux et résolus comme des Girondins;

« Ne pouvant consommer ce large suicide,

« A vivre cette nuit l'amitié me décide,

« Et j'épanche à vos yeux, sur ce hideux pavé,

« Ce breuvage si cher qui m'eût déja sauvé. »

Il s'arrête à ces mots; tous ses généreux frères

Frappent de cris joyeux les voûtes funéraires;

L'inspiré Vergniaud, d'un regard surhumain,

Montre à tous le poison dans le creux de sa main,

Et, le front vers les cieux, sur la dalle grossière

Disperse, en souriant, l'homicide poussière.

Tel le jeune Alexandre, au milieu de ses rangs, [6]

Pressé par des soldats altérés et mourans,

Dévoré plus que tous d'une soif convulsive,

Montra, sans le vider, un casque plein d'eau vive;

Et comme il ne pouvait, d'une égale faveur,

Distribuer à tous le breuvage sauveur,

Il refusa de boire, et sur l'aride plaine

Répandit sans regret la coupe toute pleine.

Vergniaud dit encor : « Maintenant, c'est assez ;
« Levez-vous ! serrez-vous de vos bras enlacés ;
« Jurez tous, qu'abjurant une mort clandestine,
« Vous paraîtrez vivans devant la guillotine ;
« Que vous périrez tous, sans souiller d'un affront
« La dernière tribune où vos voix s'éteindront.
« Moi, je suis tout à vous ; au moment de me taire,
« De la sainte phalange indigne réfractaire,
« Désertant vos drapeaux bien avant le matin,
« Je ne veux pas du vôtre isoler mon destin ;
« Prisonnier avec vous dans les mêmes murailles,
« Avec vous je m'élance au char des funérailles,
« Et le dernier adieu sorti de mon gosier,
« Vos têtes l'entendront dans la manne d'osier. »

Alors, comme pour faire une joyeuse ronde,

Ils s'enlacèrent tous au nom de la Gironde;

Tels qu'au libre repas des confesseurs romains,

Ils mirent en faisceau leurs électriques mains;

Guirlande de martyrs qu'après cette veillée

Tout Paris devait voir sur le sol effeuillée,

Ainsi qu'on voit tomber ces longs rameaux mouvans

Qu'un dernier jour d'octobre arrache et donne aux vents.

Et puis, pour abréger cette nuit éternelle,[7]

Dans ce théâtre obscur, la troupe fraternelle,

Comme pour répéter un spectacle promis,

Réveille brusquement les acteurs endormis;

Au jeu de l'échafaud ils s'exercent ensemble :

Riant, ils se couchaient sur la chaise qui tremble;

L'un d'eux, nommé d'office, exécuteur banal,

Illuminait la scène aux clartés du fanal ;

Et, leur parodiant la machine qui tue,

Laissait tomber sa main sur leur gorge tendue.

Devant une mort vraie, athlètes courageux,

Ils charmaient leurs ennuis par ces funèbres jeux.

Aussi, quand sous l'abri de leur sombre coulisse,

Ils ouïrent sonner l'heure de leur supplice,

Ils étaient prêts, leur rôle était su jusqu'au bout,

Et l'aurore de mort les éclaira debout.

LA PLACE DE LA RÉVOLUTION.

Venez, vous qu'on attend, l'impatience est lasse ;

L'heure déjà sonnée aigrit la populace ;

On dirait qu'elle veut boire un sang girondin.

Que d'hommes entassés dans le royal jardin,

LES GIRONDINS.

Aux Champs-Élyséens, rayons de promenades,

Sur le haut Garde-Meuble, aux frêles colonnades,

Sur les dalles du pont, partout où l'on peut voir

La fontaine de sang qui remplit l'abreuvoir !

On comprend cette ardeur; ce sont de rares fêtes

Que celles où l'on vient pour voir tomber vingt têtes.

Hâtez-vous, on a soif, et l'échafaud géant

Demande votre cou pour son collier béant.

Les voici ! du guichet ils ont franchi la porte ;

Des pesans cavaliers voilà la longue escorte ;

A leur tête, au-devant du premier chariot,

Étincelle de loin le sabre d'Henriot.

En marchant vers l'autel d'une farouche idole,

Fiers, comme s'ils allaient monter au Capitole,

Les vingt triomphateurs, rangés en deux convois,

Chantent *la Marseillaise* avec leur forte voix ; [8]

Glorieux de leur vie, ils se tournent sans honte
Vers ce peuple grossier qui les nomme et les compte.
Ils sont tous là présens, ainsi qu'ils l'ont promis,
Tous; car le même char qui porte ces amis,
Cahote en même temps, au fond d'une corbeille,
Le corps de Valazé, suicidé la veille. 9
Malheureux! il a cru par un coup de poignard
Épargner une entaille à l'acier montagnard!
L'inexorable main qui dressa le supplice,
S'empare d'un cercueil, vingt-unième complice,
Et pour donner à tous l'égalité du sort,
Traîne avec les vivans un cadavre à la mort.
Ils arrivent enfin; au pied de sa statue,
Maudiront-ils en chœur la liberté qui tue?
Viendront-ils renier, par d'amers repentirs,
Celle qui dans un jour a fait vingt-un martyrs?

LES GIRONDINS.

Non; ils baissent leurs fronts pleins de nobles idées,

Devant la Liberté haute de vingt coudées,

Et loin qu'un seul d'entre eux la maudisse en passant,

Tous vénèrent la place où doit jaillir leur sang;

C'est que leur vive foi même ne peut s'éteindre

Devant cet échafaud que tant de sang doit teindre;

Pareils à ces chrétiens qui, par un beau trépas,

En s'immolant pour Dieu, ne le reniaient pas.

Montez donc, hommes forts, héros du dix brumaire;

Saluez, en mourant, votre terrible mère.

On crie autour de vous : Vive la liberté !

Eh bien ! vous, le front ceint d'une mâle fierté,

Criez à votre tour, pour sublime réplique :

Vive la liberté ! vive la République !

Glorieux condamnés ! héroïques proscrits !

Nul ne reste muet pour ces généreux cris.

L'impassible bourreau par ordre les appelle ;

Son fer est aiguisé, car la moisson est belle.

Ils montent tour-à-tour : sous le couteau mouvant

S'abîme par degrés tout ce qui fut vivant ;

Et la hache infaillible, à coup sûr dirigée,

Commence à Sillery pour finir à Vigée. 10

Chaque fois qu'elle tombe avec un rauque son,

Le cœur des assistans est glacé d'un frisson ;

Le peuple s'en émeut, les ames sont brisées,

Un murmure d'horreur sort des Champs-Élysées ;

Car, jeunesse, vertus, grâces, force, talent,

Tout s'évanouissait sur l'autel ruisselant.

Pourquoi donc cette foule autour d'eux entassée,

Ce peuple de Paris, la ville policée,

N'a-t-il pas en s'armant des grilles du jardin

Sauvé de l'échafaud tout ce sang girondin?

Énigmes de ces temps, mystères politiques,

Aussi sombres pour nous que ceux des jours antiques!

Hélas! notre regard que l'histoire confond

Glisse sur les tableaux, et n'en voit pas le fond.

Oh! dans ces jours d'orage où l'Europe soldée

Tendait sa main de fer à la folle Vendée,

Quand l'éternel complot, suivi des trahisons,

De la Charente au Rhin allumait ses tisons,

Qu'une seule bataille en un clin d'œil perdue

Pouvait voir à Paris cette Europe attendue;

Le peuple était en fièvre, il n'avait pas le temps

De penser ni d'agir, comme aux calmes instans,

Et vers tous les excès son délire mobile

Donnait le nom de crime à la vertu débile;

Il n'avait foi qu'en ceux dont la sauvage main

Se lavait, chaque jour, avec du sang humain,

Et qui pour étouffer une guerre intestine,

En face des complots dressaient la guillotine,

Fantôme ensanglanté, spectre qui pouvait seul

Changer le drapeau blanc en funèbre linceul.

Le peuple, dans ces jours de farouche démence,

Couvrait les Montagnards de son amour immense;

Il pleurait au convoi du hideux Jacobin

Que la jeune Corday poignarda dans le bain,

Et cette femme forte au cachot poursuivie

Dans les cris d'anathème abandonnait la vie;

Partout où se montraient tous ces proscrits errans,

Issus de la Gironde ou reçus dans ses rangs,

Des rocs du Calvados au lit de la Garonne,

Sur tous les caps Bretons que l'Océan couronne,

Ils trouvaient devant eux la hache et le trépas;

L'échafaud voyageur s'attachait à leurs pas;

Car dans chaque cité, complaisante vassale,

La grande guillotine avait sa succursale,

Et le peuple, partout de même rage épris,

Frappait ses Girondins comme ceux de Paris.

S'il est, dans cette nuit, un rayon de lumière,

Il faut toujours le prendre à sa cause première;

Toujours se replacer sous ce sombre horizon

Où le peuple éperdu n'avait plus de raison,

Où ses bras convulsifs entouraient d'espérance

Ceux qui créaient l'armée et qui sauvaient la France,

Et dénonçaient du doigt, à leurs côtés assis,

Ces tribuns que le sang n'avait pas endurcis.

Ah ! puisque ces VINGT-UN que ma mémoire chante

N'ont eu pour leurs bourreaux qu'une plainte touchante,

Qu'aucun cri d'anathème, en leurs derniers abois,

Ne vint gonfler leur cou dans le collier de bois,

Imitons-les ; sachons que sur la place ronde

Où s'épancha le sang des fils de la Gironde,

Ils ont voulu semer ces germes précieux

D'où nous revient un jour celle qui vient des cieux,

La grande liberté qui meurt et ressuscite,

Qui m'inspire aujourd'hui ce chant que je récite,

Et s'assied au palais qu'on vient de rebâtir [12]

Près du sol où tomba le Girondin martyr.

NOTES

DE LA

HUITIÈME JOURNÉE.

NOTES

DU TRENTE-UN MAI.

LES GIRONDINS.

31 mai 1793, LES GIRONDINS.

Cette mémorable journée, où tomba la Gironde, est vulgairement désignée, dans l'histoire de la révolution, sous le nom de journée du 31 mai; ce jour-là cependant ne fut remarquable que par la suppression de la commission des douze; mais l'auteur a cru devoir adopter cette fausse date. Ce fut seulement le 2 juin que la Convention, cernée par les bandes de la Commune, et intimidée par le canon d'Henriot, décréta l'accusation des Girondins.

Ceux qui périrent le 31 octobre n'avaient pas tous été compris dans cette première proscription. La Convention frappa successivement de ses décrets d'autres membres de la Gironde qui furent jugés et exécutés avec les premiers le 31 octobre, au nombre de vingt-un, et non de vingt-deux, ainsi que la plupart des historiens s'obstinent à l'énoncer.

Ces vingt-un députés sont : Brissot, Gensonné, Vergniaud, Duperret, Carra, Gardien, Valazé, Duprat, Sillery, Fauchet, Ducos, Fonfrède, Lasource, Beauvais, Duchastel, Mainvielle, Lacaze, Lehardy, Boileau, Antiboul, Vigée.

Ce grand évènement offrait donc deux actions aux inspirations du poëte : la séance du 2 juin, où la Gironde fut écrasée sous le poids de la Montagne, et la dernière scène de cet épisode, consommée le 31 octobre par le supplice des Girondins. L'auteur s'est déterminé pour cette dernière, comme plus dramatique.

[2] «........Un seul semble faire défaut,
« Son fidèle poignard crut tromper l'échafaud. »

Valazé, décrété d'accusation, aurait pu s'évader s'il l'eût voulu; il consulta Lacaze, son ami, sur ce qu'il avait à faire, et celui-ci le dissuada de partir. Bientôt on avertit Lacaze qu'un semblable décret le menaçait lui-même : on lui offrit de le mettre en sûreté. Non, dit Lacaze; c'est moi qui suis cause que Valazé ne s'est point enfui; si mon ami meurt, je veux partager son sort.

En entendant prononcer l'arrêt de mort, Valazé se perça d'un stylet dans la salle même du tribunal. Son voisin le voyant frissonner et pâlir lui dit : *Tu trembles, Valazé!* Non, répondit-il, *je meurs,* et il tomba.

Tous les détails de ce poëme sont rigoureusement historiques.

Il est faux qu'au moment de leur condamnation les vingt-un Girondins aient jeté des assignats au peuple, dans l'espoir d'exciter un mouvement en leur faveur. Prudhomme a contribué à répandre cette calomnie; il les a même représentés, dans une de ses gravures, au moment où ils se lèvent de leurs bancs, et éparpillent les assignats dans la salle. Voici ce qu'on lit à ce sujet dans les

NOTES.   265

Mémoires de Buzot, page 173 : « Les accusés, pour répondre et se
« défendre, recueillaient, pendant les débats, ce qu'on disait, sur
« des notes écrites. Tout-à-coup Antonelle déclare que le jury est
« suffisamment instruit. Les accusés déchirent leurs notes et les
« jettent au vent. »

Le courage des Girondins, après leur condamnation, sera à jamais célèbre. Ducos composa un pot-pourri extrêmement gai. Les condamnés firent ensemble leur dernier repas ; Valazé seul y manquait !....... Ce banquet fut joyeux comme celui d'une fête. Un domestique de Duprat les servait en pleurant. Son maître le consola, lui parla avec bonté de ses services, et lui recommanda sa femme. Ce fidèle domestique vendit depuis une petite rente qu'il possédait pour soutenir la femme de Duprat, réduite à la misère.

[3] « Soyons joyeux ; demain nous serons chez les morts. »

Ces formes de style étaient familières aux orateurs de la Gironde. Vergniaud puisait, dans les souvenirs de la Grèce, ces poétiques images, ces comparaisons mythologiques qui abondent dans ses discours. Dans leur dernière veillée à la Conciergerie, ces illustres condamnés, par leur courage, leur philosophie et leur langage, réalisèrent véritablement la scène du Phédon.

[4] « Le jour où je parlai des enfans de Saturne. »

Vergniaud avait prophétisé son destin, quand il avait dit : La révolution, comme Saturne, dévorera ses propres enfans.

[5] « Ce poison, le voilà...... »

Les hommes de cette terrible époque se plaisaient à imiter les anciens dans leur manière de vivre et de mourir. Beaucoup d'entre eux avaient soin de se munir de poison, et à la dernière extrémité ils avaient recours à ce viatique. Vergniaud conservait avec lui un moyen sûr de prévenir le supplice ; mais, comme le poison était insuffisant pour tous ses amis, il n'en fit pas usage pour lui-même, et préféra mourir avec eux.

6 « Tel le jeune Alexandre.. : .. »

Après Alexandre-le-Grand, ce trait a été reproduit par plusieurs généraux. Le roi David fit la même chose; pressé par une soif ardente, il s'abstint de boire l'eau qu'on lui avait rapportée d'une source lointaine, et la répandit en présence de son armée.

7 « Et puis, pour abréger cette nuit éternelle, etc. »

On s'accorde à dire qu'à l'issue de leur dernier banquet, les condamnés jouèrent une comédie ayant pour sujet, *la Descente des Girondins aux enfers.*

Plus tard, quand la mort fut devenue un accident de la journée, ce jeu de la guillotine devint un exercice à la mode dans les prisons. Il se fesait au moyen de trois chaises ; le patient s'étendait sur celle du milieu, qui était couchée, et au signal donné, la chaise, en s'abattant, imitait la bascule de la fatale planche. Les dames mêmes, à la prison du Luxembourg, prenaient plaisir à ces répétitions de la mort.

8 « Les vingt triomphateurs, rangés en deux convois,
« Chantent *la Marseillaise* avec leur forte voix. »

Pendant leur trajet de la Conciergerie à la place de la Révolution, la plupart des victimes répétaient à haute voix le premier couplet de *la Marseillaise*, ainsi parodié :

> Allons, enfans de la patrie,
> Le jour de gloire est arrivé ;
> Contre nous de la tyrannie
> Le couteau sanglant est levé, etc., etc.

Fonfrède chantait le refrain : *Plutôt la mort que l'esclavage.*

9 « Le corps de Valazé, suicidé la veille. »

Le cadavre de Valazé avait été placé dans une manne d'ozier ; il fut traîné dans la fatale charrette, et assista sur l'échafaud à l'exécution des vingt.

10 « Et la hache infaillible, etc. »

Sillery, comte de Genlis, fut exécuté le premier ; il salua la foule et mourut avec courage ; presque tous adressaient au peuple des paroles dont on ne saisissait pas le sens. Le peuple criait : *Vive la république !* et les Girondins répétaient ce cri. Mainvielle fit entendre distinctement le cri de *Vive la liberté !* Brissot et Fauchet au moment de leur supplice montrèrent seuls quelque émotion. Vigée subit la mort après tous les autres.

« 11 Partout où se montraient tous ces proscrits errans. »

Les Girondins proscrits à Paris cherchèrent un refuge dans les départemens. Les commissaires de la Convention les poursuivirent de ville en ville, de caverne en caverne. Guadet, Salles et Barbaroux furent exécutés à Bordeaux ; Gorsas à Caen. Péthion et

Buzot furent trouvés dans un bois, à demi dévorés par les bêtes fauves; Condorcet s'empoisonna dans un cachot de Bourg-la-Reine; Roland se donna la mort sur le grand chemin de Rouen; Riouffe fut détenu quatorze mois à la Conciergerie; Louvet, après des fatigues inouïes, après un voyage miraculeux, arriva de Bordeaux à Paris; là il parvint à se dérober à toutes recherches, grâce à l'intelligence et au dévouement de sa Lodoïska.

12 « .... Au palais qu'on vient de rebâtir. »

Le nouveau palais de la Chambre des Députés.

INTRODUCTION
A LA NEUVIÈME JOURNÉE.

Un règne de violence et de terreur est nécessairement passager; tous ceux qui ont voulu en essayer ont trouvé leur neuf thermidor; toutes les histoires déposent à l'appui de cette vérité : quiconque joue avec le sang humain finit par combler la cuve avec le sien. Robespierre, qui avait de la portée et de l'instinct, tenta d'échapper au sort commun; effrayé des cris de la France éventrée, sans doute il rêva le retour vers un système de douceur et de pardon; sa mystérieuse retraite de quarante jours, ce carême politique qu'il s'imposa sur sa Montagne, ce maintien de cénobite et de mysticisme qu'il affecta, devaient peut-être servir de transition à ce régime de clémence qui était plutôt un besoin de son pouvoir que de son cœur. Mais ce calme soudain épouvanta plus que sa Terreur; on s'effraya de le voir si peu effrayant; les ambitions rivales, long-temps comprimées, s'agitèrent; on spécula heureusement sur la lassitude et le dégoût qui venaient de tant de sang répandu; les mauvaises passions s'allièrent aux bonnes contre l'ennemi commun, et le géant de la Terreur tomba. C'était une nécessité.

Il y a des gens qui ne voient dans Robespierre que Robespierre, et qui le jugent comme on fait d'un criminel aux assises : les uns le peignent un cœur d'homme à la main et l'exprimant dans une coupe pour boire; d'autres nous le présentent comme le meilleur des hommes. Robespierre ne savait peut-être pas ce qu'il était lui-même; la circonstance le prit parcequ'elle avait besoin de quelqu'un pour conduire le peuple aux saturnales de la liberté. Robespierre sera un sujet éternel de méditation, une énigme jetée aux devins; on se demandera toujours comment il s'est fait qu'un homme, qui n'avait aucune de ces formes physiques qui séduisent, qui parlait avec fatigue pour lui, et ennui pour les autres, qui n'avait pris aucune part aux batailles civiles de Paris, qui acceptait même le reproche de se cacher à l'heure des boulets et des balles, qui n'était ni un Danton, ni un Barbaroux, ni un Vergniaud, ait pu jouer le rôle de Marius, d'Auguste, de Sylla, le rôle des hommes forts, populaires par la gloire, chers aux soldats, et qui pouvaient naturellement affecter la dictature, et signer des listes de proscription.

Robespierre, dit-on, était incorruptible et tenace, il avait un énergique vouloir; c'est possible; mais ces qualités ne constituent pas le dictateur; il en faut vingt autres plus éblouissantes pour le peuple, et celles-là manquaient à Robespierre.

Quant à moi, après avoir lu et médité cent volumes sur lui, je n'ai jamais pu comprendre ni son pouvoir, ni sa popularité, ni le secret de son influence sur les masses. Il paraît qu'aux époques inexplicables, il faut des moteurs inexplicables; heureux les historiens qui comprennent et expliquent tout!

NEUVIÈME
JOURNÉE.

9 THERMIDOR
AN 2.
(27 JUILLET 1794.)

LA CHUTE DE ROBESPIERRE.

> Securos dies extremus terror advocat.
> Cic. *Offic.*

La terreur! c'est le mot qu'en sa longue veillée

Entendit si souvent l'enfance émerveillée,

Quand après le repas, autour de l'âtre assis,

Notre père conteur nous fesait ses récits;

Il répétait cent fois (tant les crises passées

Avaient sur un seul temps réuni ses pensées!)

Cent fois, les clubs bruyans, les crimes des prisons,

Les visites de nuit dans les calmes maisons,

Le tocsin qui troublait le sommeil de nos mères,

Les proscrits dénoncés aux juges victimaires,

L'accusateur public, le muet tribunal

Où jugeaient sans appel Dumas et Coffinhal;

Le grossier tombereau de la Conciergerie

Qu'escortait en hurlant la liberté furie;

Et la rouge charpente, à l'oblique couteau,

Du chemin de la mort effroyable poteau.

Et pendant ces récits, nos jeunes mains débiles

Se joignaient vers le ciel, et restaient immobiles;

Nos yeux étaient ouverts et vitrés de stupeur :

Puis tout disparaissait comme un rêve trompeur;

Car Bonaparte alors fondait la nouvelle ère,

Et nous protégeait tous de son nom consulaire.

Ah ! sans doute croyons que ces deux tristes ans,

Sur les fronts paternels ont passé bien pesans,

Que ces grands jours de fièvre et d'immense délire,

Cette histoire de sang qu'on s'épouvante à lire,

Ont dû tout ébranler dans l'ame et la raison

De celui qui les vit du seuil de sa maison.

De la grande Terreur, moi-même enfant posthume,

La nuit, en frissonnant, je lis dans le volume

Qui semble ranimer, avec tout leur effroi,

La guillotine reine, et le comité roi.

Je n'ose dérouler, dans mes lugubres rimes,

Des souvenirs de gloire entrelacés de crimes :

C'est le puits sépulcral du Comtat-Venaissin ;

C'est la Loire grondant dans son lit assassin ;

C'est le bourreau Fréron, que Barras accompagne,

Mitraillant les proscrits du Port-de-la-Montagne ;

C'est le pâle Couthon, avec Collot-d'Herbois,

Entrant la hache en main dans Lyon aux abois,

Pour qu'il ne reste plus, entre ses deux grands fleuves,

Qu'un peuple désolé d'orphelins et de veuves.

Oui, ce temps fut affreux ; tout être qui vivait

Ne goûtait qu'en tremblant le calme du chevet ;

A travers le reflet d'une lumière terne,

Il voyait un cadavre au nœud d'une lanterne ;

Et le soir en famille, il arrivait souvent

Qu'aux rideaux de la vitre, agités par le vent,

Un fantôme aux longs pieds, une ombre colossale

Paraissait comme prête à sauter dans la salle :

Les enfans n'osaient pas contempler de leurs yeux

Le spectre qui jouait dans le rideau soyeux;

Ou, si l'un d'eux l'ouvrait avec sa main lutine,

Pour regarder là bas; c'était la guillotine!

Comme un vaste décor qu'on prépare sans bruit,

Dans la déserte rue on la dressait la nuit,

Et, le matin venu, la charpente livide

Apparaissait debout sur un espace vide;

On eût dit que l'enfer, par un enchantement

Avait improvisé ce hideux monument.

Toujours elle, toujours, sur les places des villes,

Offerte comme idole aux populaces viles;

Ou, courant la campagne, et traversant les bourgs

Au son grêle et fêlé des civiques tambours.

Ses farouches amis ne juraient que par elle;

Elle fit du supplice une mort naturelle,

Et sans cesse agitant son triangle d'acier,
L'État battait monnaie avec ce balancier.¹

C'était là la Terreur! Maintenant dans nos têtes,
Cherchons-en le mystère et les causes secrètes.
Serait-il vrai? faut-il admettre en gémissant,
Que l'irritable soif des crimes et du sang,
L'impérieux besoin d'assister aux supplices,
Ont dressé si long-temps ces larges sacrifices?
Faut-il croire, au tableau de ces calamités,
Que les dominateurs des sanglans comités,
Dans notre France en deuil, avaient besoin pour vivre
D'inscrire chaque soir quelques morts sur leur livre?
Alors éloignons-nous de ce monde abhorré,
Cherchons au fond des bois un asile ignoré;

LA CHUTE DE ROBESPIERRE.

Renions nos deux noms de France et de famille,

Fuyons ce sol maudit, car le crime y fourmille,

Car les fils des bourreaux sont encor sous nos yeux

Et peuvent faire un jour ce qu'ont fait leurs aïeux.

Non ; sans doute, il en vint, dans la grande tourmente,

De ceux qui bénissaient leur effroyable amante,

Baisaient ses bras rougis et fesaient leur festin

Des chairs que leur jetait le fer de Guillotin ;

Mais l'enfer en fit peu : tous ceux qui dans l'arène

Applaudissaient de cris à la machine reine,

Qui battaient des deux mains en courant pour la voir

Et sans oser y boire admiraient l'abreuvoir,

Tous n'avaient pas un cœur qui se plaît au carnage ;

Mais chez eux bouillonnaient la fièvre du jeune âge,

Et ce cuisant délire, impalpable tison

Qui sur les fronts brûlés dévore la raison ;

Hélas ! il leur semblait que ces atroces fêtes,
Que ces cuves de sang ruisselantes de têtes,
Que le grand abattoir où tombait ce bétail
Brillaient à l'étranger comme un épouvantail ;
Et pour justifier ces terribles pensées,
Vers le Rhin ou l'Escaut les hordes avancées
Reculaient, chaque fois que la terrible main
Rougissait notre France avec du sang humain ;
Et l'austère Carnot, du fond de son prétoire,
En décrétant la mort décrétait la victoire.

Tant que la France pâle et sauvée à demi
Eut à craindre les coups d'un nouvel ennemi,
La Terreur conserva son formidable empire ;
Il fallut l'adopter de crainte de voir pire ;

Mais lorsqu'on ne vit plus fumer aux bords du Rhin
Les bivacs ennemis chassés du sol lorrain ;
Lorsque tout fut sauvé, gloire, honneur et patrie,
Alors on contempla cette France flétrie ;
Les hommes purs ou non regardant autour d'eux
Ne virent que débris, et qu'échafauds hideux,
Que spectacles de sang, campagnes désolées,
Hameaux rayés du sol et villes mausolées ;
La rougeur vint aux fronts, et, le danger éteint,
On proscrivit les noms que la Terreur soutint ;
Et chacun s'indigna, comme si les supplices
N'avaient eu pour auteurs que cinq tribuns complices ;
La publique rumeur les accusa tout haut
D'avoir à leur profit promené l'échafaud.
Un surtout, dont le nom rayonne d'épouvante,
Qui soulevait du doigt la Montagne vivante,

Dieu de ce noir olympe, entouré d'autres dieux,
L'imposant Robespierre apparut odieux :
On résuma sur lui les forfaits et la honte,
Du sang versé partout on lui demanda compte;
Sur le sol de la France on eût dit qu'en passant
Son pied seul eût creusé ce long ravin de sang.
Encore un peu d'audace, et dans son temple même
L'idole va trembler sous un cri d'anathème;
Et ceux qui jusqu'ici la soutinrent debout
Ouvriront sous ses pieds la fournaise qui bout.

Quoi! l'on n'était point las dans nos sombres murailles
De ce drame éternel clos par des funérailles!
Quoi! ces noirs tombereaux qui traversaient Paris
Ne trouvaient donc jamais leurs réservoirs taris!

LA CHUTE DE ROBESPIERRE.

Depuis quatorze mois la France était fauchée,

Et la faulx de la loi n'était pas ébréchée!

Hélas, non! la Terreur, prête à s'évanouir,

Le jour de ses abois voulut encor jouir;

Un soir elle passa dans la sanglante ornière,

La charrette de mort, et c'était la dernière,

Portant à l'échafaud l'ordinaire moisson,

Et cet horrible soir Paris eut un frisson,

Car le sang le plus pur, le sang d'un grand poëte

Sanctifiait la marche et baptisait la fête;

Ce fut toi, doux rapsode, harmonieux Chénier![2]

Ta main serrait ton front qu'attendait le panier;

Devant tes compagnons, ta dernière famille,

Tu finissais des chants commencés pour Camille,

Et demandais des vers avec des rêves d'or

Au huitième soleil du brûlant thermidor.

Ah! quand sous le couteau des lois illégitimes

Tombent, un soir d'été, de pareilles victimes,

Il faut que les bourreaux, saisis le lendemain,

Passent en criminels par le même chemin.

Voici le nouveau jour, l'aurore qui commence

Après l'ère de mort l'ère de la clémence!

Un homme va tomber, qui voile aux assistans

Le secret de sa vie et l'horreur de son temps;

Agent mystérieux, dans sa courte carrière

S'il a paru, tenant la hache meurtrière,

Quel que fût le foyer qui brûla dans son cœur,

Qu'il disparaisse enfin, car le peuple est vainqueur;

Que le ciel ou l'enfer l'ait envoyé, qu'importe!

L'orage le créa, que l'orage l'emporte :

Pourquoi sur une énigme arrêter nos esprits?

Le siècle le médite et nul ne l'a compris.

Suivons-le sur ces bancs d'où sa voix dominante

Glaçait les proconsuls de Toulon et de Nante;

Il s'y rend aujourd'hui, solitaire et rêveur,[3]

Le front illuminé d'une sainte ferveur,

Évitant les regards, comme un anachorète

Qui voudrait fuir le monde et qu'une idée arrête,

Et que le monde enchaîne et retient malgré lui

Sur la terre profane où sa lumière a lui.

D'où vient ce changement? quelle pensée habite

Dans le front sourcilleux du sanglant cénobite?

Quel terrible secret si long-temps contenu

Va, de ce sein profond, sortir comme un fer nu?

Depuis quarante jours, de ses lèvres fatales

Des noms entrecoupés tombent par intervalles:

Varennes, Tallien, Fouché, Collot-d'Herbois;

Debout, tribuns! malheur si l'on entend sa voix!

C'est l'heure de la peur; c'est l'heure du courage!

On entend sourdre au loin le souffle de l'orage,

Les sièges ont craqué, comme aux sommets alpins

Quand l'ouragan du nord courbe le tronc des pins;

Le mont des Jacobins craint qu'on ne les décime,

Le volcan recélé divise en deux sa cime;

Ces deux fronts orageux par le choc partagés

Se regardent du haut des gradins étagés;

Bientôt tremblent les blocs de la double Montagne,

Comme vers le détroit de l'Afrique à l'Espagne

Si le front d'Abyla, promontoire escarpé,

Se ruait tout-à-coup sur le front de Calpé.

La bruyante tribune a rougi d'être esclave,

Tallien fait jaillir sa parole de lave,[4]

Et l'on entend ce cri, sinistre accusateur :
Robespierre à la barre! à bas le dictateur!

Cherchez partout, cherchez dans l'histoire des hommes,
Depuis les temps passés jusqu'à l'âge où nous sommes,
Jamais on n'entendit dans un temple des lois
Mugir comme aujourd'hui de plus terribles voix;
Formidable combat où la parole tue,
Où chaque vote annonce une tête abattue,
Où tous les prisonniers pris le discours en main
Accusés aujourd'hui sont égorgés demain !
Cette fois la Montagne enverra sa fournée;
Contre son propre flanc sa hache est retournée
Pour la veine féconde où sa rage a puisé,
Elle prépare encor son poignard aiguisé.

Robespierre est muet : une voix souveraine

D'un seul mot a couché le géant sur l'arène,

Des mains ont pris ses mains, on ose le lier,

On le traduit au seuil où veille le geôlier ;

Mais le geôlier, tombant la face sur la pierre,

Est saisi de frissons en voyant Robespierre ;

Ce roi républicain, ce débris du pouvoir

Cherche en vain un cachot qui l'ose recevoir,

Nulle prison ne veut ouvrir sa porte immonde [5]

A celui qui voulait emprisonner le monde.

Le voilà libre encor, le voilà déchaîné ;

La générale bat, le tocsin a sonné,

La puissante Commune en son nom se soulève,

Le farouche Henriot a ressaisi son glaive,

Henriot, qui du maître aide les plans secrets,

Mézence, contempteur des lois et des décrets,

Qui, toujours à cheval éclaboussant la fange,

Suit le tyran tombé comme son mauvais ange.

Que vont-ils faire encor? Robespierre vainqueur

Va demain d'un seul coup percer Paris au cœur;

Remuant les esprits de sa parole bréve,

Il convoque les siens à la place de Gréve,

Et, d'un grand désespoir rassemblant tout l'effort,

Dans le palais du peuple il se bâtit un fort.

Ses terribles amis que l'échafaud réclame,

Jettent dans tous les cœurs le courage et la flamme;

L'indomptable Henriot, Couthon, Saint-Just, Lebas,

Se dressent en faisceau pour ces derniers combats.

Son frère est avec lui; magnanime jeune homme!

De quelque nom haineux que l'histoire le nomme,

Cet autre Robespierre, à son frère enchaîné,

Environne d'amour ce formidable aîné.

Mystère inexplicable, insoluble problème !
Cet homme, objet d'horreur, trouve un frère qui l'aime !
Il a donc des vertus, qu'on puisse consentir
A se faire avec lui volontaire martyr.

Tallien a frémi; son prisonnier est libre; [6]
Partout bat le tambour, partout le tocsin vibre ;
Il faut abattre enfin ce terrible ennemi
Qu'un arrêt suspendu n'a frappé qu'à demi ;
Que la Convention et son peuple fidèle
Assiégent le proscrit, cernent sa citadelle ;
Mais quel homme énergique acceptera l'emploi
De proclamer sans peur l'écrasant HORS LA LOI ?
C'est Barras ; le sénat lui livre sa fortune ;
Il court frapper au sein la rebelle Commune :

A la voix du tribun le peuple suscité

Ruisselle par les ponts de la vieille Cité,

Comme un nuage noir qui s'agrandit et crève,

Et vomit des soldats sur la place de Grève.

L'Hôtel-de-Ville en bloc par le peuple miné

Montre dans cette nuit son front illuminé,

Ses gothiques arceaux, ses vieux balcons de pierre,

Ses noirâtres remparts qui gardent Robespierre.

Mais l'heure avait sonné de son neuf thermidor :

Dans l'angle retiré d'un vaste corridor,

Cet archange déchu comprend bien que c'est l'heure

Où la voix qui maudit lui commande qu'il meure;

Son héroïque frère accouru dans ces lieux,

Et de son propre sort noblement oublieux,

Le serre dans ses bras, l'invite à fuir, et tente

De lui ravir son arme ouverte à la détente;

Vains efforts! le coup part; regardez-le gisant
Sur le parquet, le front tout inondé de sang;
Mesurez-le couché cet immense colosse,
Il n'occupera pas cinq pieds dans une fosse;
Il voulut se tuer, de peur que l'échafaud
Ne reconnût son maître et ne lui fît défaut;
Mais sur ces fronts d'airain la balle toujours glisse;
Un coup ne suffit pas pour sauver le supplice.
Venez donc ramasser l'homme de la Terreur,
Il est presque cadavre, ainsi n'ayez point peur.
Allez, que sans retard, dans tout le territoire,
Vos courriers haletans portent cette victoire;
Que cent mille captifs, libres des maux soufferts,
Dans leurs cachots joyeux fassent bruïr leurs fers.
Demain pour consacrer un régne de clémence
Consommez, en plein jour, une hécatombe immense,

A l'autel de la mort envoyez pour présens

Ces sacrificateurs qui l'ont servi deux ans ;

Que les deux chariots qui, sur la place ronde,

Ont porté les martyrs de la sainte Gironde,

Soient encore attelés pour traîner aujourd'hui

Le sanglant Robespierre et sa troupe avec lui.

Ce sont les jeux du sort, victimes pour victimes ;

Que frappés aujourd'hui par des coups légitimes,

Les vingt-un Montagnards, sur les rouges gradins,

Viennent payer le sang des vingt-un Girondins.

NOTES

DE LA

NEUVIÈME JOURNÉE.

NOTES

DU NEUF THERMIDOR.

LA CHUTE DE ROBESPIERRE.

¹ « L'État battait monnaie avec ce balancier. »

Allusion au mot de Barrère : *Nous battons monnaie sur la place de la Révolution.*

² « Ce fut toi, doux rapsode, harmonieux Chénier! »

La veille même du 8 thermidor la Terreur dévora Roucher l'auteur des *Mois*, et André Chénier, qui le premier tenta de ramener la poésie française à la simplicité antique. On sait que dans ses vers il ne cessait de célébrer sa Camille, comme Tibulle sa Lesbie, et Parny son Éléonore. Au moment de son supplice, il se frappa vivement le front avec la main en prononçant ces paroles : *Et pourtant j'avais quelque chose, là.*

³ « Il s'y rend aujourd'hui, solitaire et rêveur. »

Depuis trente-six jours Robespierre avait cessé de paraître au Comité de salut public; il affectait de s'isoler de la Convention, et se rendait chaque soir aux séances des Jacobins. C'est là qu'il commençait à semer ses accusations : il dénonçait comme les plus dangereux ennemis de la patrie, Fouché, Bourdon de l'Oise, Fréron, Merlin de Thionville, Legendre, Lecointre de Versailles, Barras, Dubois-Crancé, Dumont, Rovère, et surtout Tallien. Il embrassait, dans ces sourdes proscriptions, les principaux chefs de la Montagne et les membres des deux Comités.

Enfin le 8 thermidor il se détermina à ouvrir son attaque à la tribune de la Convention, où il n'était pas monté depuis longtemps. Le but de son discours est de prouver qu'*on l'a calomnié en lui attribuant le système de la terreur;* il cherche à séparer sa cause de celle de ses collègues, et termine par une violente catilinaire contre les ambitieux, les intrigans et les fripons qui ne s'étaient fait des cadavres qu'un marchepied pour arriver à la tyrannie.

L'impression de ce discours est d'abord décrétée; mais, sur la proposition de Billaud-Varennes et autres députés, ce décret est rapporté à une grande majorité, et aux cris de *Vive la République!* Ainsi finit la séance du 8 thermidor.

4 « Tallien fait jaillir sa parole de lave. »

A peine la séance du 9 thermidor est-elle ouverte, que Saint-Just commence la discussion; il est interrompu par Billaud-Varennes. Celui-ci donne des détails sur la séance des Jacobins du 8, et affirme qu'ils ont résolu d'égorger la Convention en masse; il ajoute que la force armée est confiée à des mains parricides, et dénonce Henriot, avec son état-major, Fleuriot, Payan, et toute la Commune de Paris.

En ce moment, Tallien s'élance à la tribune : « Les conspirateurs
« sont démasqués, dit-il; ils seront bientôt anéantis, et la vérité
« triomphera... L'ennemi de la Convention tombera... J'ai vu hier
« la séance des Jacobins, j'ai frémi pour la patrie; j'ai vu se for-
« mer l'armée du nouveau Cromwell, et je me suis armé d'un
« poignard pour lui percer le sein, si la Convention n'a pas le

« courage de le décréter d'accusation. » Il termine en demandant la permanence des séances et l'arrestation d'Henriot. Ces propositions sont adoptées.

Billaud-Varennes, Barrère, Vadier, Bourdon de l'Oise, prirent successivement la parole pour élever de nouveaux chefs d'accusation contre Robespierre, et chaque fois que ce dernier se levait pour se défendre, il était interrompu par des cris unanimes : *A bas le tyran!* Tantôt il escaladait le fauteuil du président, tantôt il se cramponnait à la tribune; un combat restait engagé entre sa voix et celle des conventionnels qui lui criaient de se taire. « Pour la dernière fois, s'écria-t-il, je te demande la pa-
« role, président des assassins ! » On refuse de l'entendre; il est décrété d'accusation.

Alors le jeune Robespierre s'écrie : « Je suis aussi coupable
« que mon frère; je partage ses vertus, je demande aussi le décret
« d'accusation contre moi. » Sa demande est accueillie. Le même décret est ensuite lancé, aux cris de *Vive la liberté! Vive la République!* contre Saint-Just, Couthon, et Lebas, qui ont réclamé le même privilège. Ils sont amenés à la barre, puis, sur l'ordre de l'assemblée, conduits par des gendarmes au Comité de sûreté générale.

5 « Nulle prison ne veut ouvrir sa porte immonde
« A celui qui voulait emprisonner le monde. »

Quand les gendarmes se présentèrent à la prison du Luxembourg avec Robespierre et ses compagnons, le geôlier refusa de les recevoir, déclarant qu'il lui fallait un ordre de la Commune; il fallut chercher une autre prison. Pendant ce temps, Henriot, à cheval, parcourait les rues en proclamant l'insurrection, et répandait des troupes dans tous les environs des Tuileries ; les prisonniers furent délivrés ; eux-mêmes marchaient à la tête des gendarmes chargés de les conduire.

[6] « Tallien a frémi......... »

A la nouvelle de la délivrance de Robespierre, la Convention déja triomphante tomba dans l'étonnement et la stupeur. Collot-d'Herbois, président, « s'écrie : Jurons tous de mourir sur « nos chaises curules. » C'est alors que Tallien monte à la tribune : « Tout conspire pour le salut de la Convention et la liberté « de la France ; Robespierre par sa révolte et celle de ses com- « plices vient de nous conduire à la seule mesure qui fût prati- « cable envers un tyran. Grâce au ciel, pour en délivrer la « patrie, nous n'avons plus à attendre la décision peu sûre d'un « tribunal formé par lui-même. Il a le premier porté son jugement : « mettons-le *hors la loi* avec tous ses complices. Frappons du « même décret la Commune rebelle, que sur l'heure elle soit in- « vestie..... que le soleil ne se lève pas avant que la tête des con- « spirateurs ne soit tombée. »

Tous ces décrets sont à l'instant portés. Barras, escorté de dix-huit cents hommes et de canons, s'avance vers la place de Grève sur deux colonnes ; l'une investit l'Hôtel-de-Ville, et l'autre, précédée par deux Députés et les huissiers de la Convention, portant des torches allumées, se range sur la place ; les décrets de mise hors la loi sont lus à haute voix. Ce grand évènement se passait dans la nuit du 9 au 10 thermidor. L'Hôtel-de-Ville est envahi : Robespierre et ses partisans sont arrêtés, à l'exception de Lebas qui se brûle courageusement la cervelle ; à neuf heures du matin ils sont conduits à la Conciergerie, et, le même jour, à quatre heures du soir, sur la place de la Révolution.

INTRODUCTION

A LA DIXIÈME JOURNÉE.

Robespierre n'avait point d'amis, il était trop répulsif aux liaisons sociales ; mais il avait de chauds partisans à la Convention, et ils n'étaient pas tous morts avec lui sur l'échafaud. Tout grand pouvoir politique qui tombe laisse quelque temps muets et stupéfaits ceux qui l'ont servi : puis la stupeur s'use, et on travaille secrètement à la réaction. Il faut toujours frapper deux coups pour tuer un pouvoir. Robespierre ne fut décidément renversé qu'après le premier prairial; c'est le jour où ses partisans poussèrent le peuple à la Convention. Il y eut un instant de victoire contre-thermidorienne; moins d'énergie dans le parti réparateur de la Convention, et Robespierre remontait, sous un autre nom, sur le trône républicain. Le peuple, non celui du 20 juin, ni du 10 août, mais un autre peuple, démoralisé par les saturnales de la Terreur, fut repoussé de la salle ensanglantée; les hommes, par la force des baïonnettes, les femmes, à coups de houssine. Les six condamnés, reconnus principaux instigateurs, furent arrêtés et mis en jugement; c'étaient Gilbert Romme, Amable Soubrani, Ernest-Dominique Duquesnoy, Alexandre Goujon, Jean-Michel Duroy, et Pierre Bourbotte. Une commission militaire les condamna à mort le 29 prairial.

Ce fut le dernier effort de la Montagne. La Convention victorieuse au-dedans et au-dehors, et touchant au terme de ses travaux, rentrait dans des voies moins orageuses; elle voulait faire oublier sa terreur en s'épurant de terroristes, et tranquilliser sur l'avenir par un système nouveau chez elle de modération.

DIXIÈME
JOURNÉE.

IER PRAIRIAL

AN 3.

(20 MAI 1795.)

LE PEUPLE A LA CONVENTION.

> Fit via vi, rumpunt aditus, primosque trucidant.
> VIRG.

Vous avez beau trancher, dans les dunes de sable,

La tête du boa, reptile insaisissable,

Prenez garde ! vivant de son premier essor,

Son tronçon convulsif peut vous broyer encor.

Le roi de la Terreur est abattu ; sa tête

Roula sur l'échafaud avec sa rouge crête ;

Sur son cadavre froid, que dévore le ver,

Ont murmuré la pluie et le vent de l'hiver ;

Mais par sa juste mort la vengeance assouvie

N'a pas encor tué tous ses germes de vie ;

De son haut piédestal, Robespierre, en tombant,

A laissé par sa chute une empreinte à son banc :

C'est le trépied funèbre où l'amitié posthume

Tente de rallumer le volcan de bitume,

Où viennent s'inspirer ceux qui gardent au sein

L'inextinguible écho de son dernier tocsin.

Ils sont six, tous de fer, tribuns que rien n'étonne.

Depuis le dernier mois qui précéda l'automne,

LE PEUPLE A LA CONVENTION.

Ils se sont recueillis, loin d'un monde importun,

Pour mieux ourdir leur trame et venger leurs vingt-un ;

Ils attendent ce mois où le grand soleil brûle

La tribune du peuple et la chaise curule,

Où l'émeute insurgée, aux rendez-vous connus

Arrive la sueur au front et les bras nus.

Déchaîne-toi, lion, pour ta course dernière,

Viens apposer ta griffe à la loi prisonnière ;

Une dernière fois tombe dans la cité,

Météore sanglant par la cloche excité !

Ruisselant escadron de femmes aux yeux ternes,

Enfans qui dénouez la corde des lanternes,

Tricoteuses d'enfer, vous, qui chaque matin

Comptez si bien les coups du fer de Guillotin !

Par les quais populeux de la Seine troublée,

Venez donc envahir la terrible Assemblée.

Hélas! ce n'est plus là, dans sa mâle fierté,

Ce peuple, tel qu'il vint aux jours de liberté,

Les épis dans les mains, et les têtes fleuries,

Sublime visiteur entrant aux Tuileries :

Le long meurtre public a séché ces fleurons,

Et la vapeur du sang a terni bien des fronts.

D'abord le peuple est grand, et puis il s'habitue

Aux spectacles de fange, à la Terreur qui tue;

Oh! ce n'est plus celui du vingt juin, du dix août :

Il semble qu'aujourd'hui tout Paris se dissout,

Tant les places, les ponts, les noires avenues,

Jettent au Carrousel de formes inconnues,

De spectres féminins et d'enfans à l'œil faux,

Qui traînent pour hochets de petits échafauds. [1]

Paris, pour rassembler tant de femmes fétides,

A vidé cette fois ses Palus-Méotides,

Ses impasses impurs, ses couloirs croupissans

De la Mortellerie et des Vieux-Innocens.

A leurs gestes virils, à leurs voix gutturales,

On reconnaît d'abord ces mégères des halles,

Peuple des carrefours, qui sous d'immondes toits,

Fait siffler ou mugir son effrayant patois.

Avec elles aussi, ces Phrynés subalternes

Qui peuplent dans le jour les vineuses tavernes,

Et qui, la nuit venue, errent par noirs troupeaux,

Le front entortillé de fangeux oripeaux;

Puis encore, au milieu de ces groupes infâmes,

Des hommes déguisés sous des robes de femmes,

Sinistres compagnons aux bras noirs et velus,

Qui poussent aux forfaits les cœurs irrésolus.

Dès l'aube de ce jour, la cohue infernale

Inaugure, en partant, sa grande saturnale;

Elle déroule au loin ses informes chaînons ;

On croirait voir passer ces visages sans noms,

Ces fronts maudits du ciel et marqués d'anathème,

Que montrent au soleil les fils de la Bohême.

Mille bras déployant le drapeau de la faim,

Mille écriteaux levés portent ces mots : *Du pain !*

Du pain ! Ne croyez pas à leur fausse souffrance ; [2]

Voyez, voyez leur teint pourpré d'intempérance ;

Tous sont rassasiés : la débauche et le vin

Fermentent dans leurs corps comme un grossier levain ;

Leurs yeux sont flamboyans, leurs poitrines sonores,

L'alcohol corrosif filtre par tous leurs pores ;

Ils n'ont ni faim ni soif ; mais l'émeute a compté

Sur l'effet désastreux d'un mensonge effronté ;

Du pain ! c'est le mot d'ordre, et la famine louche,

En pénibles efforts l'exhale de sa bouche.

LE PEUPLE A LA CONVENTION. 311

Voilà le bataillon qu'appelle et fait mouvoir
La Montagne qui veut ressaisir le pouvoir.

L'Assemblée est debout, et la salle est fermée.
Point d'honneurs de séance à cette ignoble armée;
Qu'on la repousse au loin, car son crime est flagrant;
Qu'elle campe dehors, le Carrousel est grand.
Mais, hélas! par les siens l'Assemblée est trahie;
Elle va déborder dans la salle envahie,
Cette anarchique armée, à l'insolente main,
Broyant tout, se fesant par la force un chemin.
Déja, comme un signal de la crise prochaine,
La porte sent frémir ses lourds panneaux de chêne,
Seul et dernier abri jusque-là respecté,
Qui du temple des lois garde la sainteté;

Elle tombe en éclats : la foule entre maîtresse ;

Le président se couvre en signe de détresse : [3.]

Ce débile vieillard, incliné par les ans,

A trop de glace au cœur pour les dangers présens ;

Parmi tant de démons élancés de l'abîme,

Sa voix ne peut dompter les hurlemens du crime,

Il descend ; le tocsin semble sonner son glas ;

Sur son fauteuil vacant monte Boissy-d'Anglas,

Jeune homme au cœur d'airain, à la poitrine forte,

Qui peut vivre pour tous si l'Assemblée est morte ;

Qui d'un regard serein, sur les bancs montagnards,

Arrête une détente et brise les poignards.

C'est ici qu'affrontant le crime qui menace,

Brille dans son éclat l'homme juste et tenace ;

Jamais dans les longs jours que lui garde le sort

Il n'aura plus besoin de ce stoïque effort.

LE PEUPLE A LA CONVENTION.

La salle est un champ clos; de hurlantes furies
Ébranlent sous leurs pieds les hautes galeries;
Leurs frénétiques poings roides et contractés
Se baissent vers le front des calmes Députés.
Du pain! toujours *du pain!* c'est le mot qui résonne,
C'est le cri de combat de ce peuple amazone;
Vingt fois le président veut parler, et vingt fois
D'ironiques clameurs ont emporté sa voix.
L'ombre de Robespierre errante dans la salle,
Semble souffler sa rage à sa plèbe vassale.

O délire honteux! étrange aveuglement!
O de ce jour de deuil déplorable moment!
Heure, où vertus, devoir, liberté, tout s'oublie;
Où la raison du peuple est changée en folie;

Où le crime est si grand de rage et de terreur,

Qu'il mérite pitié, qu'il échappe à l'horreur!

Entourons ce feuillet d'un crêpe mortuaire;

Tout est perdu, la loi n'a plus de sanctuaire :

Sous les leviers de fer, rouverte à deux battans,

La porte va vomir de nouveaux combattans;

Hurlant des chants aigus comme des cannibales,

Ils rentrent; entendez le sifflement des balles,

Voyez luire partout le poignard assassin;

Gloire à ceux dont la peur n'a point troublé le sein!

Chaque Représentant l'un à l'autre s'enlace,

Et l'on entend ces cris : Mourons à notre place!

Vive la liberté! De l'un à l'autre bout

Sur leurs bancs assiégés ils se montrent debout.

Un de ces fiers tribuns que l'avenir contemple,

Va mourir, comme un prêtre, en défendant son temple;

Et ce temple sacré qu'un jour doit rebâtir

Gardera sur ses murs l'image du martyr : [4]

C'est le jeune Féraud; sur la poudreuse pierre [5]

Il tombe, un vil boucher l'immole à Robespierre;

Le sacrificateur, en tablier de peau,

A choisi sa victime au milieu du troupeau.

Féraud! quel héroïsme et quelle destinée!

Pour arrêter lui seul la foule mutinée,

Sur le seuil d'où la flamme avec la balle part,

Il s'était étendu comme un vivant rempart;

Puis relevé, courant à la tribune sainte,

Il avait demandé grâce pour cette enceinte;

Inondé de sueur, le cou nu, l'œil ardent,

Il couvrait de son corps l'auguste président,

Et suppliait la foule à l'homicide prête,

Montrant Boissy-d'Anglas, de respecter sa tête.

Noble enfant! il était aux jours de puberté,

Où l'on aime d'amour la vierge liberté;

Il revenait des camps, et sa bure grossière

De nos derniers combats rapportait la poussière;

Les boulets ennemis effleurèrent son sein,

Et le voilà tombé sous un plomb assassin!

Ce n'est plus qu'un tronçon, la pique est toute prête

Et le fer dégouttant va promener sa tête,

Sa tête aux yeux ouverts, aux mouvemens nerveux

Qui font battre sa joue et roidir ses cheveux;

Tête horrible, de sang et de sueur luisante!

Devant Boissy-d'Anglas l'égorgeur la présente,

Et lui, lui, ce héros digne des jours romains

(Panthéon, ouvre-toi, siècles, battez des mains,

Redites cette histoire à tous ceux qui l'ont lue),

Lui se lève devant la tête, il la salue,

LE PEUPLE A LA CONVENTION.

S'incline de respect, comme si devant lui

Du martyr glorieux l'auréole avait lui,

Comme on fait sous la nef du temple catholique,

Lorsqu'on porte en triomphe une sainte relique.

Et la foule applaudit à ces hideux exploits ;

La loi n'est plus qu'un mot dans l'enceinte des lois,

Les tribuns conjurés soufflent sur cette braise,

Ils redisent en chœur : Vive quatre-vingt-treize !

Mais les Députés purs, installés sur leurs bancs,

Agitent leurs chapeaux aux mobiles rubans ;

Tous, de leur temple saint embrassant la colonne,

Regardent, sans pâlir, ce peuple qui bouillonne,

Qui mugit de fureur, et qui les yeux ardens,

Demande une chair d'homme à broyer sous ses dents.

On eût cru voir, aux jours de Rome souveraine,

Quand les lions d'Afrique ensanglantaient l'arène

Au cirque de Titus, sous un peuple mouvant,

Les calmes sénateurs assis sur le devant.

Un instant l'Assemblée abandonne son rôle,

Le peuple usurpateur s'arroge la parole,

Exhale des discours à la vapeur du vin;

Au pied de la tribune un grotesque écrivain

Verse sur un papier des caillots d'encre noire

Et jette aux assistans son horrible grimoire;

C'est l'infâme anarchie aux regards délirans,

Qui promulgue ses lois au profit des tyrans.

A l'insolite voix du peuple qui décrète,

Les fils de Robespierre ont redressé la crête,

Entre eux et leurs vieux clubs ils resserrent les nœuds

Et sur les hauts gradins se dressent lumineux.

LE PEUPLE A LA CONVENTION.

Ah! si la noire plèbe aux forfaits enhardie

Prolonge plus long-temps sa sombre parodie,

C'en est fait pour toujours, Thermidor est vengé,

La Montagne triomphe et tout ordre est changé;

Non, c'est le dernier jour de l'orageuse lice,

Il faut que sans retard le destin s'accomplisse :

Le tambour bat la charge aux portes du sénat;

Trève aux coups de fusil, trève à l'assassinat;

Les calmes grenadiers, la baïonnette oblique,

La poitrine en avant, sauvent la République;

Le peuple est refoulé : ceux qui s'étaient assis

Sur les bancs des tribuns par leur nombre grossis,

S'échappent, en niant leurs décrets transitoires,

Par tous les corridors, par tous les vomitoires;

Moins promptement d'un cirque on déserte le jeu

Quand dans la foule immense une voix crie : Au feu!

Force reste à la loi : l'inflexible Assemblée,
Tout palpitante encor de la chaude mêlée,
Se change en tribunal, et, maîtresse à son tour,
Mande les conjurés, coupables de ce jour.
Les voilà tous les six, les héros de la fête : [6]
Le glaive les attend, sa lame est toute prête,
Car la Convention, prodigue de trépas,
Est toujours elle-même et ne pardonne pas.

Ce premier prairial, ce jour que je célèbre
Sous sa date, à-la-fois glorieuse et funèbre,
Nous allume le front et fait qu'à tout moment
On demande au passé si l'histoire nous ment.
C'est un drame complet, un résumé du monde,
Où la grandeur s'allie à la bassesse immonde,

Où le crime, en tombant, sous l'arrêt abattu
Est si beau, que notre œil le prend pour la vertu;
Vous allez voir. Déjà la sentence mortelle,
De Robespierre éteint frappe la clientelle;
Les six amis, saisis au jour de trahison,
Veillent sous les arceaux d'une étroite prison;
Là, voyant sur leurs fronts la hache balancée,
Tous ont uni leur ame à la même pensée;
Ils ne languiront pas dans le fort du Taureau,[7]
Paris les revendique, et voilà le bourreau.
Le bourreau! qu'on l'envoie à des hommes novices;
Mais eux! la République a reçu leurs services,
La couleur de leur sang est connue aux combats,
Ils sont montés trop haut pour descendre si bas;
Non, non, ils n'iront pas au char des gémonies
Subir les cris du peuple et ses ignominies.

Celui qui veut mourir, mais mourir de sa main,

Au suprême moment toujours trouve un chemin.

Pour dérober leur tête à l'échafaud infâme,

Ils n'ont rien, qu'un hochet, que des ciseaux de femme;

Admirez tous! eh bien, cet instrument grossier

Tenu par le courage est un poignard d'acier;

Ils sont sûrs l'un de l'autre : un silence de glace

A donné le signal; c'est l'heure, c'est la place :

Soubrani le premier, suspendant son chemin,

Frappe son cœur viril de l'acier féminin,

Tombe, et cède au second la pointe montagnarde;

Le suicide est plein, chacun d'eux se poignarde.

Nul, au sinistre aspect de son ami gisant,

N'a refusé pour lui le mutuel présent :

Nul n'a répudié ce sanglant héritage;

Un sourire effrayant glisse sur leur visage,

LE PEUPLE A LA CONVENTION.

Et leur dernier soupir est tellement rendu,

Que même de l'escorte il n'est pas entendu.

Voilà ce qu'ils ont fait. Maintenant, qu'on nous vante

Ces sublimes trépas dont la forme épouvante!

Un seul des Girondins se sauva dans la mort;

Le cœur des Montagnards est donc six fois plus fort;

Cessons de nous courber devant l'histoire antique :

Voici des hommes, grands comme Caton d'Utique,

Comme ce fier Brutus, disciple de Zénon,

Qui mourut en disant : Vertu! tu n'es qu'un nom.

En entendant ces vers il semble qu'on récite

Ces héroïques morts dont nous parle Tacite;

Comment la pouvait-il respecter chez autrui,

Tel homme qui jouait avec sa vie à lui?

Trois sont encor vivans; le bourreau les ramasse ;[8]

Les trois autres sont morts, leur vie est contumace;

Elle est due au bourreau qui trafique des corps ;

Ils seront mis au char et guillotinés morts !

Ainsi du monument que bâtit Robespierre

Il ne restera plus bientôt pierre sur pierre ;

Comme on vit sur le Nil les colosses thébains,

Nous avons vu crouler les Memnons Jacobins !

Ainsi passèrent tous ces hommes d'épouvante

Qui, frappant de leur pied sur la terre mouvante,

En avaient fait sortir un fantôme hideux

Pour tuer la révolte insurgée autour d'eux,

Et repousser les rois dont la pensée oblique

Dans un réseau de fer cernait la République.

Ces puissans Jacobins, ces hommes dévorans

Qui pour la liberté se créèrent tyrans,

Tous, sur l'échafaud, morts d'une agonie ardente,
Laissèrent après eux la France indépendante,
Et ce beau souvenir de leurs jours désastreux
Adoucit l'anathème élaboré contre eux.
De tant de sang versé, du poids de tant de honte,
Non, ce ne sont pas eux qui doivent rendre compte;
Je le répète encore, il faut monter plus haut
Pour rencontrer la main qui créa l'échafaud.
Hommes du drapeau blanc, volontaires victimes,
Payés, abandonnés par vos rois légitimes;
Arsenal de Toulon, toi qui te consumas
Quand les trois fleurs de lis scintillaient sur tes mâts;
Vendée, île de deuil et mausolée immense
De coupable vertu, d'héroïque démence;
Peuples fanatisés par le crime ou l'erreur,
Remords à vous, c'est vous qui fîtes la Terreur!

Aujourd'hui qu'ils sont morts, ces hommes sanguinaires,

Qui, vivans, vous brûlaient du feu de leurs tonnerres;

Aujourd'hui qu'en chaux vive ils sont ensevelis,

Vous allez reparaître, adorateurs des lis!

Toujours, loin de Paris, la cité dévorante,

Vous avez promené votre industrie errante;

Mais la Terreur vaincue, on vous verra venir

Devant le Carrousel tenter votre avenir.

Oui, l'heure est bien choisie, avancez, volontaires,

Partout devant vos pieds s'ouvriront des cratères;

Pour vous anéantir, venez voir à Saint-Roch,

Quel géant lumineux va jaillir tout d'un bloc!

NOTES

DE LA

DIXIÈME JOURNÉE.

NOTES
DU PREMIER PRAIRIAL.

LE PEUPLE A LA CONVENTION.

[1] « . . . . Et d'enfans à l'œil faux,
« Qui traînent pour hochets de petits échafauds. »

La Terreur eut aussi le privilège de créer des modes. En ce temps-là, sur la table des personnes riches, on voyait, en guise de surtouts, de petites guillotines construites en bois précieux. Quelques Représentans en mission emportaient avec eux ces échafauds en miniature; c'était comme leur blason en relief. Plusieurs de ces chefs-d'œuvre furent long-temps conservés au Comité de sûreté générale. On en vint même au point de donner cette ressemblance aux pendans d'oreille et aux cachets de montre. Les enfans, au lieu de leur cheval de bois, demandaient à leur papa une jolie petite guillotine.

[2] « *Du pain!* Ne croyez pas à leur fausse souffrance. »

Ce jour-là même, la Convention fit saisir et fouiller plusieurs individus qui vociféraient aux tribunes, et demandaient avec acharnement du pain : on trouva dans leurs poches du pain et de l'argent.

[3] « Le président se couvre en signe de détresse. »

Une grande fermentation régnait à Paris, depuis le 30 germinal; des bruits de famine circulaient parmi le peuple. Tout-à-coup, le 1er prairial, la générale et le tocsin soulèvent les faubourgs Antoine et Marceau. A onze heures la Convention ouvre la séance. Dès ce moment le danger devint sensible : la salle était cernée par la populace insurgée. Les orateurs de la révolte lisaient à la barre leurs effrayantes pétitions. Les tribunes craquaient sous le poids de la multitude. Des coups terribles de hache et de crosse de fusil retentissaient à la porte de la salle voisine du salon de la Liberté. C'est en ce moment d'imminent péril, qu'André Dumont, président, cède le fauteuil à Boissy-d'Anglas.

[4] « Et ce temple sacré qu'un jour doit rebâtir
« Gardera sur ses murs l'image du martyr. »

Dans la salle reconstruite de la représentation nationale, au-dessus du bureau du président, un tableau sera placé, retraçant la mort de Féraud et l'héroïsme de Boissy-d'Anglas.

[5] « C'est le jeune Féraud......... »

Féraud, député des Hautes-Pyrénées. L'avant-veille de ce jour, il était revenu de l'armée du Nord; il était encore tout botté, et n'avait pas dormi depuis son arrivée à Paris. Harassé par deux jours de fatigues, de courses à cheval, le visage souffrant, les habits déchirés, ce courageux Représentant se jette au-devant de la foule qui déjà débordait dans la salle. Il harangue le peuple, lui présente sa poitrine nue, le conjure de ne pas violer la représentation nationale, et se jette par terre pour barrer le passage de la porte. On passe sur son corps; la salle est forcée. Alors Féraud se relève, se précipite vers la tribune, en s'arrachant les cheveux, et cherche à couvrir de son corps le président. En ce moment, les séditieux lui tirent par-derrière un coup de pistolet; il tombe, et on l'entraîne dans le couloir voisin où on lui tranche la tête.

⁶ « Les voilà tous les six, les héros de la fête. »

Romme, Soubrani, Duquesnoy, Goujon, Duroy et Bourbotte prirent une part active dans cette insurrection populaire, avec d'autres Députés montagnards. Quand le calme fut rétabli dans la Convention, des décrets d'accusation furent lancés contre un grand nombre de Représentans; ils furent jugés et condamnés à des peines sévères. Une commission militaire fut instituée pour juger les six dont les noms figurent dans cette Journée.

⁷ « Ils ne languiront pas dans le fort du Taureau. »

Les six Montagnards furent d'abord transférés au château du Taureau, dans le Finistère. Après vingt-trois jours de détention, on les ramena à Paris, où ils furent condamnés à mort le 29 prairial.

⁸ « Trois sont encor vivans......... »

A la lecture de leur arrêt, les condamnés ne manifestèrent aucune émotion. Ils firent leurs dispositions funèbres, et envoyèrent à leurs familles leurs portraits et leurs derniers adieux. En descendant l'escalier qui conduisait du tribunal à la Conciergerie, ils s'arrêtèrent un moment, et se frappèrent tous successivement avec la lame d'une vieille paire de ciseaux qu'ils avaient conservée dans les plis de leurs vêtemens. Romme, Goujon, Duquesnoy tombèrent morts; les autres survécurent à leurs blessures, et furent traînés à l'échafaud, sanglans et moribonds. Duroy était abîmé dans un silence morne; Soubrani étalait ses entrailles ouvertes, et adressait des paroles au peuple; Bourbotte fut exécuté le dernier, et un horrible incident signala son supplice. Au moment où l'on voulut faire glisser en avant la fatale planche, il se trouva que le couteau n'avait pas été relevé, de sorte que sa tête rencontra cet obstacle, et heurta la hache ensanglantée. Dans cette position, il conserva tout son courage, et ne cessa de haranguer la foule.

INTRODUCTION

A LA ONZIÈME JOURNÉE.

Jusqu'à ce jour, les conspirations contre-révolutionnaires n'éclataient que sur la frontière; les royalistes n'avaient pas encore osé se montrer en face de la représentation nationale et attaquer la République dans le foyer brûlant de son pouvoir. On eût dû penser que le parti vendéen aurait perdu toute énergie, après avoir été écharpé à Quiberon par la mitraille des Anglais et le sabre des républicains ; mais le désastre du 21 juillet avait été oublié par ces hommes qui s'alimentent éternellement d'espérances chimériques et de folles machinations. Une foule d'hommes lâches et ambitieux s'étaient réfugiés dans Paris, et leurs sourdes intrigues gangrenaient la population de royalisme et d'anarchie. Ils n'eurent pas long-temps à attendre l'occasion de se montrer. La Convention allait enfin déposer sa longue et terrible dictature, et il était à propos de profiter habilement des semences de discorde qui se manifestaient à Paris, à l'occasion de la Constitution nouvelle; en même temps l'infatigable intrigue des émigrés, secondée par les puissances, venait donner des forces et des espérances aux conspirateurs du dedans; le plan de la contre-révolution était flagrant. Le 2 octobre (10 vendémiaire), une escadre anglaise jette sur les côtes de France une armée de douze mille hommes, composée d'Anglais et d'émigrés français; et le 3 octobre (11 vendémiaire), l'insurrection déborde dans Paris.

Cette journée du 13 vendémiaire est celle qui eut pour la France les plus importans résultats. Jamais un péril plus imminent ne s'était dressé sur la République. En effet, si l'insurrection du 1er prairial eût écrasé le parti thermidorien, il est possible que la Terreur se fût encore replacée sur la Montagne; les erremens de Robespierre auraient peut-être été suivis; mais au milieu du sang de nouveau versé, à travers les violences de ce régime, la Convention eût été sauvée, et l'édifice républicain serait resté debout. Mais au 13 vendémiaire, le triomphe des sections renversait sans retour l'œuvre entière de notre régénération politique depuis le 14 juillet. C'en était fait de la France, elle allait insensiblement retomber sous le régime proscrit de la monarchie; lacérée par l'ambition étrangère, et décimée par les représailles de l'aristocratie. Si cette épouvantable catastrophe n'a pas eu lieu, ce n'est peut-être ni au courage de la Convention, ni au dévoûment des citoyens fidèles, ni à la lâcheté des sections insurgées, qu'il faut en rendre grâce; mais à l'existence seule d'un homme, du lieutenant d'artillerie de Toulon.

ONZIÈME JOURNÉE.

13 VENDÉMIAIRE
AN 3.

(4 OCTOBRE 1795.)

BONAPARTE.

Per fulgura surgens.
BIBLE.

C'est la dernière fois qu'il monte sur la scène,

Ce gigantesque acteur, tour-à-tour grave, obscène,

Fou, sublime, valet, roi, victime, bourreau,

Au teint noir, aux bras nus, à la voix de taureau,

Qui toujours d'un seul jet improvise son rôle,

Et qui fait taire tout quand il prend la parole,

Le PEUPLE enfin; son corps fléchit sous le jarret,

On ne l'applaudit plus dès l'instant qu'il paraît;

Son poumon devient sourd, son bras nerveux se glace;

Au théâtre public d'autres ont pris sa place,

Et ces hommes nouveaux, dont il subit la loi,

Des obscurs confidens lui désignent l'emploi.

Il eut, plus de six ans, dans son drame de guerre,

Pour lustre le soleil, l'Europe pour parterre;

Qu'il se repose donc : dans ses rôles marquans,

Il ne reparaîtra qu'après trente-cinq ans.

Le calme était venu : le spectre tumulaire

N'agitait plus sa faulx comme aux jours de colère;

La main réparatrice avait enfin lavé

Le Forum de la mort tout de têtes pavé.

L'échafaud, hors Paris, emportait les supplices,

Comme un acteur honteux qui fuit dans les coulisses,

Et qu'on ne veut plus voir, et qu'un peuple étourdi

Exile, après l'avoir à regret applaudi.

Les Sylla déchiraient leurs funéraires listes;

Le rire revenu sur les visages tristes,

La foule se groupait aux théâtres badins,

Sous l'arbre négligé des populeux jardins,

Sur les sentiers connus et les pelouses vertes

D'où l'œil pouvait percer dans les prisons ouvertes;

On respirait enfin, après des jours si longs,

Et la mode oublieuse entr'ouvrait ses salons.

Et pourtant on n'osait s'abandonner encore

Au charme décevant de la nouvelle aurore;

Il semblait que toujours un matin innocent,

En courant vers le soir finirait par du sang.

Les esprits tout frappés de craintes légitimes,

Ne rêvaient que discorde et nouvelles victimes :

C'est qu'on voyait écrit, dans l'air et l'horizon,

Qu'une étincelle encor rougissait le tison.

La reine de la France, idole colossale, [1]

Pour la dernière fois a paru dans la salle;

Celle qui défia tous les pouvoirs humains

Peut seule, et d'un seul coup, se briser de ses mains.

Qu'elle est grande aujourd'hui la terrible Assemblée!

Calme, croisant les bras, sanglante et mutilée,

D'une voix solennelle, au bord du monument,

A la France elle lit son dernier testament ;

Muette de douleur, la France universelle
Semble douter encor que le géant chancelle,
Et, la main vers le ciel, dans un pieux transport
Jure de maintenir sa volonté de mort.
Dans ce cri général nul n'a droit de se taire :
Avec la voix du peuple un vote militaire
Retentit sur l'Escaut, aux bords de l'Éridan,
Sur la Sambre et la Meuse où triomphe Jourdan.
Là, tout cœur de soldat sous la tente tressaille :
Cent mille hommes debout, sur le champ de bataille,
Par la voix des canons adressent leurs saluts
A leurs Représentans qui bientôt ne sont plus.

Mais voici l'anarchie à grands flots débordée,
L'anarchie, à son aide appelant la Vendée :

Fières de déchaîner leurs haines en suspens,

Ces éternelles sœurs enlacent leurs serpens.

Encore un jour de deuil! un de ces jours sonores

Où le sang dans Paris coule par tous les pores;

Cette fois c'est le lis, drapeau ressuscité,

Qu'on livre à l'ouragan de la grande cité.

Se peut-il? quel parti de fièvre et de vertige

Fonde son avenir sur cette frêle tige?

La Vendée à Paris! oh! l'histoire nous ment!

O folie! ils ont cru que c'était le moment,

Ils ont cru que, lassé de deux ans de souffrance,

Paris allait enfin fleurdeliser la France,

A leur pâle étendard présenter l'olivier,

Et pleurer le dix août et le vingt-un janvier!

Allons! à la lueur de la torche allumée,

Appelez au combat votre insolente armée;

Vous êtes trente mille, avancez! c'est l'instant;

Faites votre dix août, le château vous attend;

Plus de grille à la cour, vous entrerez à l'aise,

On n'a pas recrépi la brèche marseillaise.

Craignez de voir sur vous rebondir vos boulets;

C'est la Convention qui garde ce palais!

Ils l'oseront: déja leur audace enhardie,

Du mémorable assaut tente la parodie;

Ils sont fiers de la veille, où le faible Menou, [2]

Aux pieds de la révolte a ployé le genou.

A leur tête ils ont mis deux généraux sans gloire,

Lafond et Danican, transfuges de la Loire, [3]

Qui d'un plan monarchique, en silence occupés,

Entraînent au combat leurs bataillons trompés.

Les deux grands précurseurs de la guerre civile,

La cloche et le tambour, résonnent dans la ville;

Les uns précipités du fond des quais lointains

Menacent le château du seuil des Théatins;

D'autres suivent la rue immense qui se roule

De la Ferronnerie à la porte du Roule;

Ceux-là détacheront des milliers d'assaillans

Sur le grand Carrousel et la cour des Feuillans,

Et ceux que l'Auxerrois de ses murailles couvre,

Vont attaquer de front par les guichets du Louvre.

L'espoir luit-il encor sur les Représentans?[4]

Doivent-ils de leur porte, ouverte à deux battans,

Sortir le sabre au poing pour sauver leur fortune?

Attendront-ils la mort au pied de la tribune?

Ou, du peuple de Rome acceptant le destin,
Irout-ils s'abriter sur un mont Aventin ?

Non, il n'est pas venu le grand jour d'agonie !
Ces fronts ne sont pas faits pour tant d'ignominie ;
On ne renîra pas l'héritage des morts,
Et tout ce qu'en six ans d'héroïques efforts,
Du pur sang de ses fils versa la France entière
Sur la place publique et devant la frontière.

La liberté s'alarme, et les momens sont courts ;
Entendez ; elle crie : Au secours ! au secours !
Hélas ! pourquoi faut-il qu'incessamment frappée
La liberté se livre à des hommes d'épée
Dont la brûlante lèvre étouffe en un moment
La vierge qui se livre à leur embrassement ?

Celui qui va la prendre à l'abri de son aile

Cette fois, fait jaillir le feu de sa prunelle.

Le voilà! quel est-il? Son front pâle et nerveux

Laisse glisser au cou ses liquides cheveux;

Son profil copié d'une antique médaille

Se contracte de joie au vent de la bataille;

Son geste est bref, son ordre est rapide et concis;

Debout sur les pavés comme sur un glacis,

Son œil, d'un ciel d'orage en empruntant la teinte,

Semble seul rallumer la batterie éteinte,

Conduire le boulet vers les frêles remparts

Dès que sa mâle voix vient de lui dire : Pars.

Quand un tel homme naît, la lyre du rapsode

S'arrête sur l'histoire et chante un épisode;

Près d'un pareil géant, oh! tout sujet est bas :

Trêve, trêve un moment aux civiques combats,

Trêve aux fastes connus de ce glorieux tome;
Sachons quel dieu l'a fait, et d'où nous vient cet homme.

Son nom est Bonaparte; il est né sur le sol
Où l'harmonieux pin s'élève en parasol,
Où tous les cœurs sont chauds, où la mer qui s'avance
A baisé l'Italie et la tiède Provence.
Enfant, on l'avait vu loin de la cour des jeux
Porter une main d'homme à son front orageux,
Comme s'il écoutait dans la grande nature
Quelque écho merveilleux d'une gloire future,
Comme si quelque fée à lui se révélant,
Lui montrait l'avenir par un chemin trop lent.
Sur un rocher, voisin du roc qui l'a vu naître,
L'adulte enfant bientôt va se faire connaître :

Voyez-vous cette ville assise au pied des monts,

Que baigne de ses flots la mer que nous aimons,

Cette forte cité, chaînon de murs qui lie

La France maritime à la belle Italie,

Toulon? A ce nom seul vous avez tous frémi: [5]

Il est par trahison aux mains de l'ennemi,

Les Anglais ont son port, sa rade circulaire

Et son fort de Faron comme un vautour sur l'aire. [6]

Il faut tout ressaisir: contre ses murs poussé

Le bélier de la France est bientôt émoussé;

On s'ennuie au glacis, la pluvieuse automne

Rend plus lassant encor ce siége monotone:

Point de brèche aux remparts presque au sol nivelés;

Lamalgue, aux bastions largement crénelés, [7]

Comme un immense obus qui sur son pied s'incline,

Écrase tout au loin, du haut de sa colline;

Dans la rade et le port l'Anglais est triomphant :
Sur la vague française et que sa rame fend,
Sous le blanc pavillon, la chaloupe légère
Glisse, en portant aux forts l'ordonnance étrangère;
Il est temps de finir ce siège désastreux;
Les inhabiles chefs se conseillaient entre eux,
Quand Bonaparte arrive avec une pensée :
Autour du lieutenant la foule s'est pressée;
Dans ce sublime jour l'homme se révéla,
Il montre Gibraltar et dit : Toulon est là.
C'était un fort nouveau qui dominait la côte,
Battait le camp français, et protégeait la flotte.
Il était si terrible au feu de son canon,
Que ceux qui l'ont bâti lui donnèrent ce nom.
La nuit vient; les soldats que le héros conseille
Laissent le grand chemin qui conduit à Marseille,

Ils marchent vers la rade et découvrent ce fort,

Ce nouveau Gibraltar où la garnison dort.

L'horizon s'alluma, la mer mugit de houle, [8]

La foudre rebondit dans les vaux d'Olioulle ;

L'éclair illumina ces immenses vallons

Où le tonnerre roule avec des bruits si longs ;

Le ciel versa la pluie en cascades sonores ;

Du volcan d'Évenos au désert des Signores

Toute montagne ouvrit son gigantesque flanc,

Et tous les vents rivaux sortirent en sifflant.

Pourquoi ces bruits, ces vents, cette nuit de lumière ?

Bonaparte gagnait sa victoire première ;

Toutes les voix de l'air et des eaux s'unissant,

Saluaient, comme en chœur, le grand homme naissant :

Il gravissait à pied, la lame haute et nue,

Du fort aérien la pierreuse avenue ;

La garnison anglaise éveillée en sursaut
Apprêtait ses canons au formidable assaut ;
Sa longue artillerie, à minuit embrasée,
Ruisselait en obus sur la côte rasée,
Et ce nouveau tonnerre, et ces nouveaux éclairs,
S'entremêlaient à ceux qui rougissaient les airs.
Il fallait au héros, digne de cette fête,
Son baptême de sang, sa blessure à la tête ; 9
Il les reçut : son front qu'effleura le boulet,
Où la pâleur s'enfuit sous le sang qui coulait,
Apparut aux soldats, comme si l'incendie
Lui ceignait en rayons sa couronne arrondie ;
Tous suivent, enlacés en immenses chaînons,
L'homme miraculeux qui commande aux canons,
Et, les yeux attachés au feu qui les décime,
Roulent du bas en haut vers son ardente cime ;

Quand il fut au sommet, Gibraltar s'écroula,
Et le siège finit; car Toulon était là!

Ce merveilleux début avait grandi sa taille :
Paris lui confia sa dernière bataille; 10
Aussi le voyons-nous aujourd'hui, de sa main
A de nouveaux soldats indiquer leur chemin,
Charger du drapeau blanc les hordes reparues
Sur un champ de bataille entrelacé de rues;
Dans les noirs carrefours où le choc est trop lent
Entraîner avec lui son tonnerre volant,
Partout anéantir cette révolte armée
Qui semble sur ses pas se dissoudre en fumée,
Et, comme un laboureur qui promène le soc,
Sillonner l'ennemi de la Seine à Saint-Roch.

Oh ! c'était bien aisé pour ce bras de colosse

De punir une émeute et de creuser sa fosse.

Nul sentiment d'orgueil n'éclate sur son front ;

Ce n'est rien, il attend les choses qui viendront.

Qu'il se tire à l'écart, qu'au fond de sa retraite,

Il suive à l'horizon son étoile secrète,

Cet astre qu'il voit seul, l'astre qui se leva

Pour le conduire aux lieux où nul mortel ne va.

Avant de terminer ce glorieux volume,

Je te retrouverai, toi, dont le nom m'allume

Et me fait palpiter dans un air étouffant,

Tout comme si j'étais ton père ou ton enfant.

Que de fois, en foulant ces poétiques plages

Où le flot de Toulon chante sous les feuillages,

Soit qu'un canot léger qui s'envole du port

M'eût poussé dans la rade où l'eau captive dort,

Soit que mon pied dévot eût lustré ces collines

Où Gibraltar repose en jaunâtres ruines;

Que de fois je t'ai vu, fantôme oriental,

Debout sur ce grand roc, ton digne piédestal!

Que de fois, l'œil en feu, la paupière éblouie,

Ma bouche murmura, comme une ode inouïe,

Un inconnu poëme en langage divin,

Qui manque à ma mémoire et que j'y cherche en vain!

Car la voix de la mer, le rocher qui résonne,

Les bruits aériens de l'éclatante zone,

La brise qui se joue à la flamme des mâts,

Tout s'oublie en ce sol de pluie et de frimas.

Je ne t'ai qu'entrevu dans cette grande ville,

Le jour où tu domptas la révolte civile:

Là, ta gloire est trop triste, et le sang du pavé

Sous le pied du passant est toujours mal lavé.

Aussi, puisque j'avais à conter cette histoire,

Je l'unis aux rayons d'une sainte victoire,

Celle qui te servit de premier échelon,

Et qui te fit si grand sur les murs de Toulon.

NOTES
DE LA
ONZIÈME JOURNÉE.

NOTES
DU TREIZE VENDÉMIAIRE.

BONAPARTE.

[1] « La reine de la France.......... »

Au moment de déposer ses pouvoirs, la Convention voulut garantir par ses décrets la durée de la Constitution nouvelle. Ce qui suit est extrait de M. Thiers, dans son *Histoire de la Révolution française.*

« Chez un peuple mobile, qui, après avoir vécu quatorze siècles sous la monarchie, l'avait renversée dans un moment d'enthousiasme, la République n'était pas tellement dans les mœurs, qu'il fallût en abandonner l'établissement au seul cours des choses. La révolution ne pouvait être bien défendue que par ses auteurs. La Convention était composée en grande partie de constituans et de membres de la Législative; elle réunissait les hommes qui avaient aboli l'ancienne constitution féodale, le 14 juillet et le 4 août 1789, qui avaient renversé le trône au 10 août, qui avaient, le 21 janvier, immolé le chef de la dynastie des Bourbons, et qui, pendant trois ans, avaient fait contre l'Europe des efforts inouïs pour soutenir leur ouvrage. Eux seuls étaient capables de bien défendre la révolution consacrée dans la Constitution directoriale. Aussi, ne se targuant pas d'un vain désintéressement, ils décrétèrent, le 5 fructidor (22 août), que le nouveau corps législatif se composerait des deux tiers de la Convention, et qu'il ne serait nommé qu'un nouveau tiers. La question était de savoir si la Convention désignerait elle-même les deux tiers à conserver, ou si elle en laisserait le soin aux assemblées électorales. Après une dispute épouvantable, il fut convenu, le 13 fructidor (30 août), que les assemblées électorales seraient chargées de ce choix......

«.....A peine ces résolutions furent-elles prises, que les ennemis si nombreux et si divers de la Convention en furent désolés. Peu importait la Constitution à la plupart d'entre eux, toute Constitution leur convenait, pourvu qu'elle donnât lieu à un renouvellement général de tous les membres du gouvernement. Les royalistes voulaient ce renouvellement pour amener des troubles, pour réunir le plus grand nombre possible d'hommes de leur choix, et pour se servir de la République même au profit de la royauté; ils le voulaient surtout pour écarter les conventionnels, si intéressés à combattre la contre-révolution, et pour appeler des hommes nouveaux, inexpérimentés, non compromis, et plus aisés à séduire. »

La Convention et les armées acceptèrent avec enthousiasme la Constitution et les décrets. Paris seul, foyer d'ambition, d'intrigue et de royalisme, se montra rebelle à la Convention. De toutes les sections, celle des Quinze-Vingts fut la seule qui demeurât fidèle; les autres se préparèrent à une vigoureuse résistance, et arrêtèrent un vaste plan d'insurrection, dont le centre commun était au couvent des Filles-Saint-Thomas, dans la section Lepelletier.

[2] «............... Le faible Menou,
« Aux pieds de la révolte a ployé le genou. »

Menou avait le courage des camps, mais il manquait de ce sang-froid, de cette décision prompte, si nécessaires dans les crises civiles. Le 12 vendémiaire, à quatre heures du soir, il marcha sur la section Lepelletier, à la tête d'un corps nombreux de troupes, et suivi des Réprésentants du peuple nommés commissaires près l'armée de l'intérieur. Il entra dans le couvent, accompagné de Laporte, et somma les insurgés de rendre leurs armes et de se dissoudre. Les sectionnaires répondirent avec fermeté, et, après quelques vagues promesses d'obéir, ils forcèrent Menou à faire retirer ses troupes. La Convention, indignée de la faiblesse de son général, se hâta de le remplacer ; elle donna sur-le-champ le commandement des forces à Barras, qui le 9 thermidor avait exercé ces fonctions avec la plus grande énergie. Celui-ci eut assez de prudence pour craindre d'accepter seul cet immense fardeau, et assez de courage pour en faire l'aveu ; il demanda et obtint, pour commandant en second, Bonaparte.

3 « Lafond et Danican............ »

A ces deux chefs de l'insurrection, il faut joindre encore le comte de Maulevrier et le général Duhoux. La Vendée était à la tête des sections rebelles. Danican, après avoir servi dans l'armée républicaine, sous Hoche, fut destitué et vint se cacher à Paris, où il pratiqua long-temps de sourdes machinations. Dans la journée du 13 vendémiaire, il fut un des premiers à fuir devant le feu de la Convention. Lafond était un émigré rentré clandestinement ; après la déroute des sections, il fut le seul des chefs qu'on mit en jugement. Son obstination à avouer son crime et à déclarer sa qualité d'émigré empêcha le tribunal de lui faire grâce. Il fut condamné à mort et fusillé.

4 « L'espoir luit-il encor sur les Représentans ? »

Au moment où les sections rebelles s'avancèrent pour assaillir la

Convention, une sorte de crainte et d'incertitude se manifesta dans la salle. Des fusils et des cartouches furent apportés pour être distribués à tous les membres, comme dernier moyen de salut. On délibéra même si la Convention en masse ne sortirait pas pour aller se réfugier sur les hauteurs de Montmartre.

[5] « Toulon ? A ce nom seul vous avez tous frémi. »

L'incapacité militaire avait présidé aux premières opérations du siège de Toulon ; aussi ce siège traînait-il en longueur. On sait que ce fut Bonaparte qui suggéra l'idée d'attaquer le Petit-Gibraltar, formidable redoute que l'armée anglo-espagnole avait construite sur un mamelon, au fond de la rade. Le Petit-Gibraltar, une fois au pouvoir des Français, la flotte ennemie, ancrée dans la rade, était nécessairement perdue, et Toulon pris.

[6] « Et son fort de Faron. . . . . , . . »

Le fort de Faron est bâti sur une montagne au pied de laquelle est Toulon. Toute cette montagne est défendue par une ligne de fortification qui aboutit à ce fort. Les Français le prirent d'assaut.

[7] « Lamalgue. . . . . »

Un des plus beaux forts de l'Europe, bâti par Vauban, situé sur une colline, dominant la ville, la campagne, la rade et la mer.

[8] « L'horizon s'alluma. . . . . »

Cet orage est historique ; il est resté comme point de comparaison dans la mémoire des Toulonnais. Les histoires, qui négligent ordinairement les accessoires poétiques, ont pourtant enregistré l'orage épouvantable qui servit d'accompagnement à la prise du Petit-Gibraltar.

9 « Il fallait au héros, digne de cette fête,
  « Son baptême de sang, sa blessure à la tête. »

C'est à tort qu'on prétend que Bonaparte reçut sa première blessure à Ratisbonne ; ce fut à Toulon, où il fut blessé à la tête par un éclat de rocher.

10 « Paris lui confia sa dernière bataille. »

Il était quatre heures et demie ; Bonaparte, accompagné de Barras, monte à cheval dans la cour des Tuileries, et court au poste du cul-de-sac Dauphin, fesant face à l'église Saint-Roch. Les bataillons sectionnaires remplissaient la rue Saint-Honoré, et venaient aboutir jusqu'à l'entrée du cul-de-sac. Un de leurs meilleurs bataillons s'était posté sur les degrés de l'église Saint-Roch, et il était placé là d'une manière avantageuse pour tirailler sur les canonniers conventionnels. Bonaparte, qui savait apprécier la puissance des premiers coups, fait sur-le-champ avancer ses pièces, et ordonne une première décharge. Les sectionnaires répondent par un feu de mousqueterie très vif ; mais Bonaparte les couvrant de mitraille, les obligea à se replier sur les degrés de l'église Saint-Roch. Il débouche sur-le-champ dans la rue Saint-Honoré, et lance sur l'église même une troupe de patriotes qui se battaient à ses côtés avec la plus grande valeur, et qui avaient de cruelles injures à venger. Les sectionnaires, après une vive résistance, sont délogés. Bonaparte, tournant aussitôt ses pièces à droite et à gauche, fait tirer dans toute la longueur de la rue Saint-Honoré. Les assaillans fuient aussitôt de toutes parts, et se retirent dans le plus grand désordre. Bonaparte laisse alors à un officier le soin de continuer le feu et d'achever la défaite. Il remonte vers le Carrousel et court aux autres postes. Partout il fait tirer à mitraille, et voit partout fuir ces malheureux sectionnaires.... Bonaparte place plusieurs batteries sur le quai des Tuileries, qui est parallèle au quai Voltaire; il fait avancer les canons placés à la tête du Pont-Royal, et les fait pointer de manière à enfiler le quai par lequel arrivent les assaillans. Ces mesures prises, il laisse approcher les sectionnaires; puis, tout-à-coup, il ordonne le feu. La mitraille part du pont, et prend les sectionnaires de front; elle part du quai des Tuileries, et les prend en écharpe : elle porte la terreur et la mort dans les rangs...... A six heures, le combat, commencé à quatre heures et demie, était achevé. (*Thiers*.)

INTRODUCTION

A LA DOUZIÈME JOURNÉE.

Les bornes étroites de ces introductions nous empêchent de tracer le chaînon des événemens depuis le 13 vendémiaire an IV jusqu'à cette dernière journée, et de suivre la République dans ses innombrables phases de triomphes et de revers. A l'époque du retour d'Égypte, la France avait perdu tout le fruit de ses anciennes conquêtes en Italie, et son territoire était menacé par la frontière du Var. En même temps un malaise général se manifestait à l'intérieur; une immense inquiétude agitait toutes les classes des citoyens, lassés de la stagnante Constitution de l'an III et du gouvernement pourri des Directeurs.

Au milieu des sables du désert, Bonaparte épiait avec attention les événemens de l'Europe, les fautes du Directoire, et la maturité d'un changement dans la République. L'Égypte n'était plus pour lui qu'une terre de bannissement; il était affamé de retour.

Le malheureux succès de son expédition eût peut-être effacé les souvenirs de sa première gloire, si, au lieu de l'Égypte, elle eût eu pour théâtre l'Italie ou l'Allemagne; mais il pensait que sa dernière campagne était comme un épisode à part, détaché de l'histoire générale ; que le Directoire n'aurait pas oublié ses services au 13 vendémiaire, et tous les citoyens ses victoires en Italie. Il ne se trompait pas : une sorte de prestige merveilleux s'attachait à son grand pèlerinage militaire ; quand il posa le pied sur le rivage de Fréjus, on oublia sans peine et la destruction totale d'une superbe flotte et le délaissement d'une armée en Afrique. La France entière battit des mains à sa venue, elle ne vit plus en lui que l'homme capable d'amener une crise salutaire, en refondant sans retard l'organisation politique.

Peu de jours suffirent à Bonaparte pour connaître à fond la disposition des esprits, et pour arrêter tous les détails de son gigantesque plan : calme et insoucieux en apparence, dans sa retraite de la rue Chantereine, il attachait à sa fortune les plus illustres généraux de l'armée et les membres les plus influens des deux Conseils. Il avait la conscience de ses forces, l'intuition de son avenir ; il trouvait des raisons plausibles pour justifier d'avance ses usurpations ; à lui seul le droit de détruire son propre ouvrage, de casser une Constitution qu'il avait maintenue, de ressaisir dans les mains du Directoire l'autorité qu'il lui avait faite, de nous reprendre la liberté qu'il nous avait donnée.

Il ne fallait pas moins pour justifier un dix-huit brumaire que quatorze ans de guerres victorieuses au-dehors, et de paix profonde au-dedans.

DOUZIÈME
JOURNÉE.

18 BRUMAIRE
AN 8.

(9 NOVEMBRE 1799.)

SAINT-CLOUD.

Consulis imperium hic primus sævasque secures
Accipiet.   Virg.

Lorsque la liberté, cette déesse austère,

Descend pour consoler un peuple sur la terre;

Qu'elle le trouve assis, dans ses ennuis pesans,

Sur un sol crevassé mille et quatre cents ans,

Son œuvre qui partout rencontre un sol rebelle

Est bien laborieuse avant de surgir belle;

Ce n'est point un travail qui doit payer son prix

A ceux qui l'ont souffert et qui l'ont entrepris;

Hélas! il se refuse à toute main timide;

Il use des géans; c'est une pyramide

Comme celle qui monte avec des travaux lents,

Et paraît jeune encore après quatre mille ans.

Avant qu'elle ait assis sur le sable solaire

Ses talus de gradins, son flanc quadrangulaire,

Et qu'elle ait revêtu l'invisible ciment,

Et sa robe de marbre, éternel vêtement,

Eh bien! il faut toujours que ceux qui l'ont bâtie,

Le monarque architecte, avec sa dynastie,

Les journaliers vaincus par d'immenses travaux,

Dorment ensevelis dans ses propres caveaux.

SAINT-CLOUD.

Sous un ciel orageux la liberté s'élève,

Puis contre l'ennemi, se confiant au glaive,

Elle se fait soldat, et l'homme soucieux

Suppose qu'elle est morte ou remontée aux cieux.

Elle ne reparaît dans sa force première

Qu'au jour où l'horizon a repris sa lumière,

Et que les oppresseurs, venus des quatre points,

Ont leur glaive à la gorge et leurs chaînes aux poings.

La liberté! dix ans semblent l'avoir usée;

Sous le poids de son front elle semble écrasée.

La France, ce pays qui l'aime et l'aime tant;

Qui consacre pour elle un culte si constant,

Cette France, aujourd'hui, par les rois enlacée,

Semble morte aux efforts, elle est déja lassée;

Elle a vu trop de sang, trop de sang a coulé;

Son sol par le bourreau fut trop long-temps foulé,

Trop d'hommes ont péri dans ses mille hécatombes,

Son peuple fossoyeur a creusé trop de tombes;

L'atonie est partout, et partout l'homme sent

La fatigue passée et l'ennui du présent.

On cherche et l'on demande avec inquiétude,

Qui viendra rendre un peuple à cette solitude,

Quel incident subit, que nul n'a médité,

Ravivera ce sol brûlant d'aridité.

Sans doute, en ce moment d'oppressive faiblesse,

Où plus qu'un dur travail le repos même blesse,

Où de tant de trépas le sol est encor teint,

En cette heure de doute où tout culte s'éteint,

Si du bel Orient perçant l'antique toile,

Comme un acteur nouveau, se lève quelque étoile,

Et qu'elle vienne luire avec ses rayons d'or

Sur le ciel de Paris où la vie est encor;

Si quelque grand miracle, à cette foule usée,

Surgit de l'horizon ainsi qu'une fusée,

Il est encore un germe au fond de chaque cœur,

Qui peut reconquérir la pristine vigueur;

Et si la liberté dans l'ombre se retire,

Si même elle succombe, héroïque martyre,

En regagnant au vol son trône aérien,

Elle nous reviendra; quarante ans ne sont rien.

Guidé par ce flambeau qui l'échauffe et l'éclaire,

Chaque peuple a marché vers ce grand corollaire;

La liberté se fonde un trône de granit,

La tribune commence et le glaive finit.

Il approche celui dont la parole forte

Va tout ressusciter sur une terre morte,

Celui qui va trouver comme un chemin de cris

Du golfe de Fréjus au fleuve de Paris.

Il ne prend pas la France ; elle seule se livre,

Se jette dans ses bras et lui demande à vivre ;

Tout lui sera permis maintenant, il peut tout ;

Son chemin est tracé ; qu'il aille jusqu'au bout !

Le voilà dans Paris le grand homme, il étale

Son lustre italien, sa gloire orientale.

On a cru voir renaître un de ces morts fameux

Qui venaient des pays poétiques comme eux,

Apportant sur leurs fronts l'auréole sublime

Que trace en bruns reflets le soleil de Solyme,

Ce soleil qui s'étend sur ces illustres monts

Où passèrent un jour tous ceux que nous aimons.

Oh ! qu'il comprenait bien l'éclatante magie

Qui de ces pays saints en tout temps est surgie !

Lorsqu'à Toulon, assis sur le môle riant,

Dans les flots opposés il voyait l'Orient,

Une secrète voix lui conseillait sans doute

De suivre, devant lui, la lumineuse route,

Et de s'en revenir, après, au sol natal,

Le front tout rayonnant du type oriental.

Bonaparte! à ce nom tout Paris se réveille

Et s'agite pour voir passer l'homme merveille :

Un long frisson de joie étreint cette cité;

C'est encore Paris, il est ressuscité!

Son héros est venu sur le cheval numide

Qu'il montait en courant sous une Pyramide;

Sa tempe s'est noircie au feu de ces climats,

Il tient le fer trempé dans les eaux de Damas;

Il froisse du genou la housse d'une selle
Où des ornemens turcs l'arabesque étincelle;
Il sème autour de lui ces parfums inconnus,
Ces miasmes sans nom de l'Orient venus.
Son cheval, dominé sous sa main caressante,
Emporte avec un homme une histoire récente,
Et la foule, en voyant l'homme et le cavalier,
Raconte tous les faits qui viennent s'y lier :
C'est lui qui, sur l'Égypte osant un soir descendre,
Emporta le matin la ville d'Alexandre;
Il a vu le désert, il s'est fait des chemins
Qu'on n'osait plus franchir depuis les temps romains;
Il a ressuscité les combats poétiques,
Les jours aventureux et les marches antiques;
Il a vu le Thabor, le Sina, le Jourdain,
La plaine où se battaient Tancrède et Saladin,

Le sublime Carmel à la cime adorée,

Joppé, Ptolémaïs, la mer de Césarée :

Partout, sur tous les monts de ces pays lointains

Où se sont accomplis les sublimes destins,

Où comme un Océan le grand désert se léve,

Partout il a jeté les éclairs de son glaive,

Partout il a jeté, de Dieu même applaudi,

L'éblouissant drapeau d'Arcole et de Lodi.

Qui viendra l'arrêter dans son brillant cortége,

Cet homme qu'aujourd'hui tant de gloire protége ?

Celui qui dans sa main a pesé Denderah

Peut faire désormais tout ce qu'il tentera.

Sans doute qu'au moment où dans Rome encor libre,

La voix du Rubicon résonna sur le Tibre,

Les vieux patriciens, au seul nom d'empereur,

Déchirèrent leur robe et pâlirent d'horreur,

Le cri de Rome en deuil sortit de la tribune :

César n'entendit rien ; il suivait sa fortune.

Nul pouvoir ne retient un tonnerre lancé :

Sur le pont de Saint-Cloud Bonaparte a passé ;

C'était le Rubicon de la nouvelle Rome :

Voici la liberté face à face avec l'homme !

C'est elle ! voyez-vous pâlir à ce seul nom

Celui qui, l'œil serein, marche sur un canon ?

Oui, Bonaparte eut peur, oui, des frissons timides

Étreignirent au sein l'homme des Pyramides :

Tant cette liberté qu'on adore à genoux,

Même fût-elle une ombre, a d'empire sur nous !

Terrible vis-à-vis ! Épouvante sublime !

Un vertige l'arrête en montant sur l'abyme :

Il n'a pas même vu l'ombre du Montagnard[3]

Qui fit luire à son front le reflet d'un poignard :

Non, il ne peut finir les choses commencées,

Car son cerveau brûlant garde trop de pensées.

Viens, Murat, viens, cette œuvre attend ta large main;[4]

Ton sabre seul ici peut s'ouvrir un chemin;

Roi futur! il n'est rien encor qui te décéle;

Ta couronne est un casque et ton trône une selle;

A ces scrupules vains jamais tu ne cédas,

Fais ton métier, parais, entre avec tes soldats,

Chasse ces *avocats* hors de leur sanctuaire,[5]

Comme les Mamelucks dans la plaine du Caire.

Tout est donc consommé!.... De l'immense linceul

Où s'abyme la loi, se dresse un homme seul;

La liberté vaincue à ses genoux se range :
Voyons ! que pourra-t-il nous donner en échange ?

Il va prendre le siècle à deux mains, ce géant ;
Il va de ses débris bâtir sur le néant ;
Il va jeter si haut ses ailes colossales
Que toutes les grandeurs deviendront ses vassales ;
Que tous les rois vivans seront autour de lui
Comme des feux follets quand le soleil a lui.
Dans son histoire immense, oh ! comme tout se lie !
Il est consul, il va parler à l'Italie ;
Il va reconquérir cette terre des dieux
Qu'a ressaisie encor le Germain odieux.
L'écho de son canon sur le Carrousel vibre,
C'est Marengo qui dit : l'Italien est libre ;

SAINT-CLOUD.

Rome a vu s'exiler le César oppresseur,

Et dans Paris lointain elle embrasse une sœur.

Louvre! agrandis ta porte et bondis d'allégresse,

Voici le Vatican, voici Rome et la Grèce,

Tout un meuble complet de marbre et de couleurs;

Voici Vénus qui vient de la ville des fleurs,

Voici Dominiquin, Raphaël, Véronèse,

La Diane qui chasse et l'Hercule Farnèse,

Anonymes trésors qu'achevaient des deux mains

Les dieux, quand ils prenaient des visages humains

Sphinx, Anubis, Typhons, à la face noircie,

Bonaparte les donne, et Paris remercie.

Encore! il nous en faut; ourdis un nouveau plan,

Il nous faut des lauriers pour tous les jours de l'an;

Il faut qu'à tes efforts toute victoire due

Chasse de notre esprit la liberté perdue.

Eh bien! voilà trois rois qu'un même sort unit,

Qui provoquent son aigle encore dans son nid.

L'Empereur s'est levé, du fond des Tuileries,

Avec ses fantassins et ses cavaleries;

Et cosaques, landwers, hulans, pandours, strélitz,

Tout est mort : à genoux! saluez Austerlitz!

Gloire à lui! Notre-Dame ébranlant ses tours noires,

Tourmente son bourdon, ce tocsin des victoires;

Le canon, répondant au timbre de la tour,

Annonce à tout Paris l'Empereur de retour.

Toute rue est peuplée, et toute maison vide,

On ne voit qu'un regard dans cette foule avide;

L'armée entre, et la Garde, aux régimens d'élus,

Avec ses habits bleus et ses bonnets velus,

Couronne de soldats, vivante citadelle,

Garde l'homme adoré qui marche au milieu d'elle;

Elle entre : oh! c'est alors qu'il était beau de voir

Ce Paris ondoyant sur leurs pas se mouvoir,

Quand ses longues clameurs, par les arbres brisées,

Ruisselaient, comme à flots, dans les Champs-Élysées.

Puis il partait encor, cet homme étincelant,

Pour labourer Essling, Iéna, Friedland,

Et de chaque sillon que creusait son épée,

Fesait, sous le soleil, jaillir une épopée.

Ainsi qu'un voyageur, dans ses goûts inconstans,

Dans chaque capitale il logeait peu de temps;

Tous les palais d'Europe étaient ses Tuileries,

En route il les prenait pour des hôtelleries,

Et ses soldats, veillant dans ces palais étroits,

Sans leur faire un salut voyaient sortir les rois.

Dans ses jours de repos il taillait des montagnes,

Il fesait don d'un fleuve à d'arides campagnes;

Il ouvrait un cours libre à ses vastes desseins;
Pour l'Océan captif il creusait des bassins;
Il tressait le fer rouge, et sur les rives neuves
Il le courbait en ponts le long du cours des fleuves;
Ou, prenant sous ses doigts un immense burin,
Il gravait son armée en spirales d'airain,
Et comme un ouragan qui monte et tourbillonne,
Il la lançait vivante aux flancs d'une colonne.

Et toujours dans Paris le monarque piéton
Portait son œil de feu de la dalle au fronton,
Dictant des monumens pour des dates certaines,
Fesant jaillir du pied ses quatre-vingts fontaines,
Arrachant le vieux Louvre à l'éternel chantier,
Après soixante rois le créant tout entier;
Semant avec sa main, comme l'herbe aux prairies,
Les grands arcs triomphaux, les parcs, les galeries,

Les ponts aériens, les fastueux jardins,

Les hauts temples, debout sur d'immenses gradins,

Les muséum sacrés, labyrinthes de salles;

Il pétrissait Paris dans ses mains colossales,

Afin que l'étranger ne vît rien de plus beau

Que la ville où ses vœux imploraient un tombeau.

Il était aujourd'hui dans sa ville adorée,

Et demain le canon de l'église dorée

Annonçait à Paris que son grand souverain

Écrasait l'ennemi sur l'Escaut ou le Rhin.

Sur quelque monument de bâtisse trop lente

La trace de son doigt était encor brûlante,

Et ce doigt formidable, indiquant l'horizon,

Donnait à l'étranger ce cercle pour prison.

Il visitait Madrid, et l'Espagne lointaine
L'entendait rebondir aux bords du Borysthène;
De Saragosse éteinte, en deux élans il va
Brûler sous ses glaçons la froide Moskowa.
Il quittait aujourd'hui le chaud pays des Mores,
Les filles de Tolède, autour des sycomores
Folâtrant les pieds nus et la mantille au cou,
Et partait le soir même à cheval pour Moscou,
Et son armée à pied, d'étonnement saisie,
Saluait sur le pôle une ville d'Asie
Qui laissait réfléchir dans un fleuve lointain
Ses minarets aigus et ses dômes d'étain.
De l'heur et du malheur il vit le double faîte,
Et, grand par la victoire et grand par la défaite,
Triomphant ou vaincu, dans l'abyme ou debout,
De l'extrême recoin du monde à l'autre bout,

Toujours en le voyant les nations émues

S'inclinaient dans les champs, sous les bois, sur les rues,

Et couraient pour le voir avec de tels élans,

Comme on n'en vit jamais depuis nos six mille ans.

Les mères qui versaient des pleurs tant légitimes

Sur leurs fils, de la guerre éternelles victimes,

Les mères pardonnaient au héros triomphant

Qui pour se faire dieu leur prenait un enfant.

Sur les champs du combat, la tempête finie,

Quand son austère voix consolait l'agonie,

Les soldats mutilés par le fer ennemi

Sur la mare de sang se levaient à demi;

A ce festin de mort chaque faible convive

Criait : Mourons, amis, et que l'Empereur vive !

C'était un fanatisme et si grand et si beau,

Que si chaque victime échappée au tombeau,

Ce million de morts qui du Nil à la Loire

En quinze ans de combats succomba pour sa gloire;

Si ces os glorieux dispersés par les vents,

Dans quelque Josaphat reparaissaient vivans,

Tous le suivraient encor dans une joie immense,

En criant : Que demain notre mort recommence !

Vive Napoléon ! oh, qu'il parle ! à sa voix

Ce ne sera pas trop que de mourir deux fois !

Aujourd'hui qu'il n'est plus, et qu'un cercueil dérobe

L'homme qui sous sa main fesait tourner le globe,

On doute encore, il semble à notre esprit frappé

Qu'au gouffre de la mort le dieu s'est échappé,

Et qu'il va quelque jour nous tomber de la nue

En montrant aux soldats sa face tant connue,

Son manteau de triomphe et de deuil, son chapeau,

Astre d'une bataille et son meilleur drapeau.

Et puis, après ces vers d'un indigne sommaire,

Parlez-nous d'attentat, de crime, de brumaire!...

Nous sommes sourds, notre œil ébloui pour jamais,

Ne voit que lui, debout sur tous les hauts sommets,

Lui qui dans un seul nom a relié l'histoire,

Qui par mille torrens nous a versé la gloire,

Cette gloire qui donne une mâle fierté,

Et fait oublier tout, même la liberté!

NOTES

DE LA

DOUZIÈME JOURNÉE.

NOTES

DU DIX-HUIT BRUMAIRE.

SAINT-CLOUD.

[1] « Sur le pont de Saint-Cloud Bonaparte a passé. »

Le décret de translation des Conseils à Saint-Cloud fut rendu le 18 brumaire. La consommation du vaste plan de Bonaparte n'eut lieu que le lendemain. Toutes les dispositions avaient été prises ; les troupes de Paris étaient encore électrisées par la revue de leur général, et disposées à obéir aveuglément à lui seul. Moreau s'était chargé du poste du Luxembourg où il tenait les Directeurs en état de siège. Lannes commandait un corps aux Tuileries. Une réserve fut placée au *Point-du-Jour*, sous les ordres de Serrurier ; et Murat, avec une nombreuse cavalerie et un corps de grenadiers, occupait le pont de Saint-Cloud. Les seuls généraux à redouter étaient Bernadotte et Jourdan ; mais ils n'osaient agir par eux-mêmes, et attendaient inutilement les ordres du Conseil des Cinq-Cents.

A quatre heures, Bonaparte se rend aux Anciens, et force les hommes indécis, par ces énergiques paroles qui terminent son

discours : « Tremblerai-je devant des factieux, moi, que la coali-
« tion n'a pu détruire? Si je suis un perfide, soyez tous des Brutus;
« et vous, mes camarades, qui m'accompagnez, vous braves grena-
« diers que je vois autour de cette enceinte, que ces baïonnettes
« avec lesquelles nous avons triomphé ensemble se tournent contre
« mon cœur. Mais aussi, si quelque orateur soldé par l'étranger
« ose prononcer contre votre général les mots *hors la loi,* que la
« foudre de la guerre l'écrase à l'instant! Souvenez-vous que je
« marche accompagné du dieu de la guerre et de celui de la for-
« tune. »

[2] « Oui, Bonaparte eut peur .... »

En sortant des Anciens, Bonaparte se présente aux Cinq-Cents, où s'annonçait une plus vigoureuse opposition. A peine a-t-il parcouru la moitié de la salle, qu'une immense partie des Députés se lève en poussant des cris de fureur : *A bas le tyran! à bas le dictateur! le nouveau Cromwell! hors la loi!* Un d'entre eux se précipite vers lui en lui adressant ces paroles : « Que faites-vous, téméraire? « vous violez le sanctuaire des lois, retirez-vous! » Bonaparte s'était avancé seul; il avait laissé à la porte le peloton de grenadiers qui l'avait accompagné; il se vit en peu de temps environné d'une foule immense, qui fesait entendre les plus menaçantes imprécations. Cette scène terrible et imposante le frappa d'irrésolution; il n'osa rester dans la salle, et ne tarda pas à se retirer dans un désordre moral empreint sur son visage.

[3] « Il n'a pas même vu l'ombre du Montagnard
« Qui fit luire à son front le reflet d'un poignard. »

On a voulu contester le fait de ce poignard dirigé contre Bonaparte; quelques écrivains même le regardent comme une fable inventée pour excuser la violence militaire exercée contre la représentation nationale; mais cette opinion est évidemment empreinte de mauvaise foi; car, s'il est permis de croire que plus tard on eût pu chercher à exagérer les dangers courus en ce moment par Bonaparte, il serait absurde de supposer que, dans la chaleur même de l'action, on ait concerté spontanément ce moyen puéril; que Bonaparte ait dit qu'on avait voulu l'assassiner, et que Lucien, forcé de quitter la salle, ait adressé en même temps ces paroles aux grenadiers au milieu desquels il s'était placé : « Quant à ceux qui restent dans l'Orangerie, que la force « les en expulse. Ces brigands ne sont plus les représentans du « peuple, mais les représentans du poignard... Que ce titre leur « reste, qu'il les suive partout... Et lorsqu'ils oseront se montrer « au peuple, que tous les doigts les désignent sous ce nom mérité « des représentans du poignard... »

4 « Viens, Murat............... »

Bonaparte se décide à faire marcher les grenadiers sur l'Assemblée. Il monte à cheval avec Lucien, et parcourt le front des troupes..... Murat et Leclerc ébranlent alors un bataillon de grenadiers, et le conduisent à la porte du Conseil des Cinq-Cents. Ils s'avancent jusqu'à l'entrée de la salle. A la vue des baïonnettes, les Députés poussent des cris affreux, comme ils avaient fait à la vue de Bonaparte; mais un roulement de tambours couvre leurs cris. *Grenadiers, en avant !* s'écrient les officiers. Les grenadiers entrent dans la salle, et dispersent les Députés, qui s'enfuient les uns par les couloirs, les autres par les fenêtres. En un instant la salle est évacuée, et Bonaparte reste maître de ce déplorable champ de bataille. *(Thiers.)*

⁵ « Chasse ces *avocats*. . . . . »

On sait que Bonaparte et ses partisans désignaient par le mot d'*avocats* ceux qui gouvernaient alors la République.